서른을 위한
최소한의 철학 수업

서른을 위한
최소한의 철학 수업

흔들리는 인생 앞에서
다시 읽는 위대한 문장들

최영원 지음

이든서재

차례

2장 · 무엇을 위해 이렇게 일하고 있는가

3장 · 사람은 남기고, 관계를 바꾸는 고전의 지혜

4장 · 작지만 확실한 행복으로 살아가는 법

5장 · 서른 이후, 불확실한 미래를 설계하는 기준

지금,
다시 고전을 읽어야 하는
이유

어느 순간부터 삶은 질문을 요구하기 시작합니다. 앞만 보고 달려오던 시기를 지나, 안정적으로 자리를 잡았다고 느끼는 때입니다. 이미 늦었다고 말하기엔 이르고, 그렇다고 마냥 다시 시작하기엔 결코 가볍게 넘길 수 없는 시점에서 비슷한 생각을 하게 됩니다. '이 방향이 맞는지, 이렇게 계속 살아도 괜찮은 것인지, 나는 지금 내 삶을 제대로 살고 있는 것인지' 묻게 됩니다.

이 질문은 특정한 나이에만 찾아오지 않습니다. 서른 초반에도, 중반을 넘어 후반에도 찾아오고, 마흔을 지나 다시 고개를 들기도 하며, 오십에 이르러서야 비로소 답을 찾은 듯하다가 다시 희미해지기도 합니다.

삶이 완전히 무너지지 않았기에 더 설명하기 어려운 불안, 겉으로는 괜찮아 보이지만 마음속에서는 계속 어긋나는 감각을 우리는 애써 무시한 채 살아갑니다. 바쁘다는 이유로, 책임이 많다는 이유로, 지금까지 잘 버텨 왔다는 이유로 말입니다.

『서른을 위한 최소한의 철학 수업』은 바로 그 지점에서 시작되었습니다. 더 잘 사는 법을 알려주기 위해서가 아니라, 지금의 삶을 한 번쯤 돌아볼 수 있는 질문을 건네기 위해서입니다.

흔히 고전을 '정답을 알려주는 책'이라고 생각합니다. 그러나 고전을 제대로 읽어보면 알게 됩니다. 위대한 사상가들은 한결같이 답을 남기지 않았다는 사실을 말입니다.

소크라테스는 "너 자신을 알라"고 말했지만, '자신'이 무엇인지 끝내 규정하지 않았습니다. 공자는 관계의 질서를 이야기했지만, 모든 관계를 하나의 방식으로 살라고 강요하지 않았습니다. 장자는 자연스럽게 살라고 했지만, 그 자연스러움의 모습은 각자의 삶에 맡겨두었습니다. 고전은 인생의 매뉴얼이 아닙니다. 고전은 삶을 바라보는 기준을 다시 세우게 하는 질문의 집합입니다. 그래서 삶의 중간쯤에서 우리는 다시 고전을 찾게 됩니다. 더 빨리 가기 위해서가 아니라, 어디로 가고 있는지를 잊지 않기 위해서입니다.

이 책은 다섯 개의 장으로 구성되어 있습니다.

1장은 삶의 출발점이 되는 질문, '나는 누구인가'에서 시작합니다. 소크라테스, 데카르트, 공자, 장자, 스토아 철학자들의 사유를 따라가며, 너무 쉽게 잊고 살아온 자기 인식과 내면의 기준을 되짚습니다. 타인의 기대가 아니라 '자신의 언어로 나를 이해하는 것이 왜 삶의 중심이 되어야 하는지'를 묻습니다.

2장은 '일과 성취'에 대한 질문을 다룹니다. 무엇을 위해 이렇게 일하고 있는지, 성공과 실패를 어떤 기준으로 판단해 왔는지 돌아봅니다. 마르크스, 베버, 니체, 톨스토이의 사유를 통해 노동과 야망, 번아웃과 변화의 문제를 살펴보며, 일에 삶을 잠식당하지 않으면서도 의미를 회복할 수 있는 관점을 탐색합니다.

3장은 '관계'에 대한 이야기입니다. 사랑, 우정, 가족 간의 갈등과 소통이라는 현실적인 문제를 플라톤, 아리스토텔레스, 손자, 셰익스피어, 프로이트 등의 고전을 통해 다시 바라봅니다. 어떤 사람을 남기고, 그 사람과의 관계는 어떻게 바꾸어야 하는지, 관계 속에서 나를 잃지 않는다는 것이 무엇을 의미하는지 질문합니다.

4장은 '행복'에 대해 묻습니다. 고통과 욕망, 허무와 죽음이라는 피할 수 없는 주제를 붓다, 에피쿠로스, 쇼펜하우어, 세네카, 소로, 아들러의 사유와 함께 고민하며, 작지만 단단한 행복이 어떻게 가능한지를 살펴봅니다. 더 많이 가지는 삶이 아니라, 덜 흔들리는 삶의 가능성을 탐색합니다.

5장은 '서른 이후의 삶을 어떻게 살아갈 것인가'에 대한 장입니다. 변화와 불확실성, 기술과 인간의 미래라는 질문 앞에서 데카르트, 니체, 하이데거, 칸트, 토인비, 하라리의 사유를 통해 앞으로의 삶을 설계할 기준을 고민합니다. 나만의 나침반을 세우고, 남은 시간을 어떻게 살아갈 것인지 스스로에게 묻도록 이끕니다.

삶의 방향을 다시 세우는 일이 가장 필요하다고 느꼈을 때, 어떻게 살아야 하는가에 대한 답을 찾기 위해 고전을 읽기 시작했습니다. 그렇게 고전의 문장과 사유를 따라가며 작은 기준들이 하나둘 쌓이기 시작했고, 그 기준들이 모여『서른을 위한 최소한의 철학 수업』을 집필하기에 이르렀습니다.

이 책을 읽는 방식에는 정해진 순서도, 속도도 없습니다. 처음부터 끝까지 차례대로 읽어도 좋고, 지금 마음이 오래 머무는 장부터 펼쳐도 괜찮습니다. 천천히 읽어도 좋고, 읽다 멈추어 생각해도 괜찮으며, 책을 덮고 아무런 생각을 하지 않아도 좋습니다. 삶의 어느 지점에 서 있든, 고전의 사유와 그 안에 담긴 깊이 있는 질문들이 삶을 다시 바라보게 하고, 결국에는 작은 변화로 이어질 것이라 믿습니다.

저자 최영원

1장

◆

인생에 한 번은
나를 위해 질문해야 한다

소크라테스의
'너 자신을 알라'

나를 찾는 여정

"너 자신을 알라."

이 짧은 문구는 고대 그리스 델포이 신전에 새겨진 금언으로, 철학의 기초이자 삶의 근본적인 질문을 담고 있다. 소크라테스 Socrates는 이 말을 단순히 고대의 격언으로 받아들이지 않았다. 그는 이를 삶의 원칙으로 삼아 끊임없이 자신과 타인에게 질문했고, 그것을 통해 삶의 본질과 올바른 길을 찾고자 했다.

'서른'이라는 시기는 이 문구가 특히 강렬하게 다가오는 시점이다. 학업을 마치고 직업을 결정하고 관계를 구축하며 사회적 틀 속에서 살아가지만, 정작 내가 누구인지, 내가 원하는 것은 무엇인지에 대한 근본적인 질문은 쉽게 지나쳐버리기 때문이다. 그러나 소크라테스는 삶을 검토하지 않는 사람은 살 가치가 없다고 단언했다.

그렇다면, 우리는 '서른'이라는 전환점에서 어떻게 자신을 점검하고, 진정으로 자신을 알아갈 수 있을까?

소크라테스가 말한 "너 자신을 알라"는 단순히 자신이 좋아하는 것과 싫어하는 것을 아는 것을 의미하지 않는다. 그것은 더 깊은 차원에서 '나는 왜 이런 선택을 했는가?' '나의 가치는 무엇인가?' '내가 현재 추구하는 삶이 나에게 진정한 행복을 가져다주는가?'라는 질문을 던지고 답을 찾는 과정이다.

현대를 살아가는 우리는 자신을 잘 알고 있다고 믿는다. 그러나 많은 경우, 우리가 내리는 선택과 행동은 타인의 기대와 사회적 기준에 의해 영향을 받는다. 우리는 종종 외부의 성공 기준에 따라 자신을 정의하며, 그것이 나 자신을 아는 것이라고 착각한다. 그러나 소크라테스는 이렇게 말한다.

"나는 내가 아무것도 알지 못한다는 것을 안다."

자신을 안다는 것은 무지無知를 인정하고, 삶을 면밀히 검토하는 데에서 시작한다.

질문을 통해 '나'를 발견하다

소크라테스는 자신의 철학적 탐구에서 '질문'을 가장 중요한 도구로 삼았다. 그는 '나는 모든 것을 알지 못한다'라는 전제 아래, 대화와 질문을 통해 진리에 가까워지고자 했다. 그의 대화법, 즉 '소크라테스식 문답법'은 질문을 통해 상대방이 스스로 답을 찾게 만드는 과정이었다.

플라톤Plato이 저술한 『소크라테스의 변명Apologia Sōkratous』에는 소크라테스가 "날마다 덕에 관해서 그리고 다른 것들에 관해서 이야기를 만들어가는 것, 이것이 그야말로 인간이 누릴 수 있는 '최상의 좋음'이며, 검토 없이 사는 삶은 살아갈 가치가 없다"라고 말했다. 이 말은 단순한 철학적 주장이라기보다, 우리가 어떤 태도로 삶을 살아가야 하는지를 묻는 깊은 성찰의 권유이다.

내가 지금 추구하는 목표가 진정한 욕망을 반영하고 있는지 점검하는 일은 중요하다. 그 목표가 내면에서 우러난 것인지, 아니면 사회적 기대나 타인의 시선을 의식한 결과인지 스스로 되돌아볼 필요가 있다.

우리는 종종 '성공적인 삶'이라는 미명 아래, 남들이 부러워할 만한 무언가를 향해 무작정 달려간다. 그러나 성찰 없이 세운 목표는 결국 외부 기준에 휘둘리는 삶으로 이어지기 쉽다. 진정한 욕망을 외면한 채 따라가는 목표는 언젠가 허무로 돌아올 수밖에 없다.

실패에 대한 두려움 역시 마찬가지다. 실패가 두려운 이유는 단순히 결과가 나쁘기 때문이 아니라, 그 실패가 나를 무가치한 존재로 만들지는 않을까, 하는 불안에서 비롯된다. 그러나 소크라테스의 관점에서 보자면, 중요한 것은 실패 자체가 아니라 '실패를 어떻게 받아들이고 성찰하느냐'다. '덕德'이란 바로 그런 상황에서도 자신을 돌아보고, 부족했던 부분을 인정하며, 한 걸음 더 나아가는 힘이다.

실패의 순간은 내면의 성장과 변화를 위한 기회가 될 수 있다. 또한 지금 이루고자 하는 성공이 어떤 가치를 담고 있는지 깊이 들여다보아야 한다. 드러난 결과만을 목표로 한다면, 그 성공은 쉽게 허무로 이어질 수 있다. 잠시의 성취감은 곧 사라지고, 더 큰 목표를 향한 끝없는 경쟁이 반복될 것이다. 그렇기 때문에 지금 내가 추구하는 성공이 나의 신념과 가치, 그리고 내가 속한 공동체와 어떤 관계를 맺고 있는지 분명히 해야 한다. 그런 과정을 거쳐야만 성공은 삶을 더 깊고 단단하게 만드는 힘이 될 수 있다.

이러한 성찰은 단순한 자기 분석의 차원을 넘는다. 그것은 삶의 방향성과 목적, 그리고 나 자신이 어떤 사람으로 살아가고자 하는지를 근본적으로 되묻는 철학적 행위이다.

소크라테스가 말한 '검토된 삶'이란 바로 이러한 성찰의 과정을 일상 속에서 반복하는 태도이다. 그 과정에서 우리는 점점 더 자신에 대해 깊이 이해하게 되며, 타인의 기대가 아닌 '나'로서 살아갈 힘을 얻게 된다.

❖
'나'를 앎으로 인해 삶은 변화된다

'자신을 안다는 것'은 단순히 자기 탐구로 끝나지 않는다. 그것은 우리의 삶을 근본적으로 변화시키는 힘이 된다. 자신을 아는 사람은 외부의 기준이나 타인의 기대에 흔들리지 않고, 자신의 내적 기준에 따라 삶을 이끌어갈 수 있다.

예를 들어, 직장에서 높은 성과를 이루는 것이 목표였던 사람이 '나는 왜 이런 목표를 세웠는가?'라는 질문을 던졌을 때, 자신의 동기가 단순히 사회적 인정이나 타인의 시선에 기반하고 있음을 깨닫는 순간이 올 수 있다. 이 깨달음은 자신의 목표를 재정립하고, 진정으로 원하는 삶을 설계할 용기를 준다.

또한, 자신을 아는 것은 인간관계에서도 핵심적인 역할을 한다.

인간은 혼자 살아갈 수 없는 존재이며, 대부분의 감정과 경험은 타인과의 관계 속에서 형성된다. 그렇기에 나 자신을 얼마나 잘 이해하고 있느냐는, 내가 맺는 관계의 질과 깊이에 직결된다. 자신의 가치를 알고 있다는 것은 곧, 어떤 상황에서도 자신을 지나치게 낮추거나 왜곡하지 않는다는 뜻이다. 자신을 존중하는 사람은 타인의 평가에 지나치게 흔들리지 않으며, 필요 이상으로 인정받으려 애쓰지도 않는다. 이처럼 내면의 기준이 분명한 사람은 관계 속에서 불필요한 오해나 소모적인 감정의 소용돌이에 휘말리지 않게 된다.

한편, 자신의 한계를 이해하는 것 또한 관계의 균형을 이루는 데 중요한 요소이다. 타인의 기대를 모두 충족시키려 하거나, 모든 갈등을 해결하려는 태도는 오히려 관계를 불안정하게 만든다. 자신이 감당할 수 있는 정서적 에너지와 경계를 파악하고, 그것을 분명하게 표현할 수 있어야 건강한 거리를 유지할 수 있다.

결국 자신을 잘 아는 사람은, 타인과의 관계에서 불필요하게 휘둘리지 않으며, 동시에 상대방의 감정과 경계를 존중하는 여유를 갖게 된다. 그렇게 자신과 타인의 균형점을 찾은 관계는 서로를 소모하지 않으면서도 깊이 있게 연결할 수 있다. 자기 이해는 결국 관계를 맺고 유지하는 데 있어 가장 튼튼한 기반이 되는 것이다.

자신을 아는 것은 삶의 중심을 잡는 일이다. 소크라테스는 "검토되지 않은 삶은 살 가치가 없다"라고 말했다. 이는 삶의 방향과 목적을 찾기 위해서는 끊임없이 자신을 돌아보고 질문을 던져야 한다는 의미다.

'서른'이라는 시기는 이러한 자기 탐구가 더욱 절실해지는 시점이다. 우리의 삶은 끊임없이 변하고, 외부의 기대와 환경 또한 언제나 변화한다. 그러나 자신을 아는 사람은 그 변화 속에서도 흔들리지 않고 내적 중심을 잡는다. 나 자신이 누구인지, 무엇을 원하는지 알게 될 때 우리는 진정으로 내가 설계한 삶을 살아갈 수 있다.

"너 자신을 알라"는 수천 년 전 소크라테스가 던진 말이지만, 오늘날에도 여전히 유효한 이유가 바로 여기에 있다. 삶의 길을 찾기 위해, 우리는 늘 자신에게 질문을 던져야 한다.

데카르트의
'나는 생각한다, 고로 존재한다'

"나는 생각한다, 고로 존재한다."

이 명제는 철학의 역사에서 가장 널리 알려진 문구 중 하나이며, 데카르트René Descartes가 인류에게 남긴 가장 중요한 통찰이다. 그는 이 짧은 문장을 통해 인간 존재의 본질이 무엇인지 탐구하며, 모든 의심 속에서도 흔들리지 않는 진리의 기초를 찾으려 했다.

'서른'이라는 나이의 변곡점을 지나는 우리는 종종 자신을 삶의 여건이나 외부에서 주어진 역할에 따라 정의하려 한다. 직업, 관계, 성공 여부와 같은 외부적 기준이 자신이 누구인지 결정한다고 믿는 것이다. 하지만 데카르트의 철학은 이를 넘어, "외부의 영향을 배제한 상태에서 나 자신을 바라보는 것이 진정한 자기 탐구의 시작"이라고 말한다.

데카르트는 "모든 것을 의심하라"라는 전제로 철학적 사유를 시작한 인물이다. 우리가 당연하게 여기는 감각이나 전통, 교육, 상식조차도 절대적인 진리가 아닐 수 있다고 보았다. 그는 의심할 수 있는 모든 것을 하나씩 제거한 끝에, 단 하나 의심할 수 없는 사실을 발견하게 된다. 바로 '의심하고 있는 나'의 존재다. "내가 생각하고 있는 바로 이 순간, 나는 존재한다"라는 결론은 그렇게 탄생했다. 이러한 철학적 태도는 단지 관념의 결과가 아니다.

데카르트는 젊은 시절, 당시 최고의 교육을 받은 후에도 진정한 확신을 주는 지식을 찾지 못했다고 고백한다. 학문 속 진리는 서로 충돌하고 있었고, 권위 있는 지식조차 모순투성이였다. 그는 학교를 떠나 군에 입대하고, 유럽 각지를 여행하며 다양한 삶의 경험을 접하게 된다. 이때부터 그는 책이 아니라 현실에서 철학의 단서를 찾기 시작한다.

결정적인 순간은 1619년 겨울, 독일의 작은 단칸방에서 시작됐다. 혼자 머물던 밤, 데카르트는 강렬한 꿈을 연이어 세 번이나 꾸고, 이것을 '진리로 가는 길'을 계시받은 것이라 믿게 된다. 그는 곧

장 모든 생각을 처음부터 다시 세우기로 결심한다. 그리고 '의심'이라는 도구를 통해 진리의 기초를 세우는 작업을 시작한다. 이후 그는 저서 『성찰Meditationes de prima』을 통해 '방법적 회의'의 철학을 정리하고, 확실성 위에 학문을 쌓는 길을 제시한다. 감각도, 전통도, 수학적 지식도 의심할 수 있지만, '생각하고 있는 나'만큼은 의심할 수 없다는 사실은 데카르트 철학의 출발점이 된다.

존재에 관한 철학은 그렇게 '내면으로 파고드는 사유'가 되었고, 데카르트는 근대 철학의 문을 여는 첫 번째 인물이 되었다.

데카르트는 말년, 스웨덴 여왕 크리스티나의 요청으로 스톡홀름에 머물게 되었고, 혹독한 추위 속 새벽 강의에 나서다가 폐렴으로 생을 마감했다. 끝까지 자기 사유의 길을 걷던 그는, 의심으로 시작해 확신에 도달한 철학자였다.

그의 철학은 서른의 고민에 깊은 시사점을 준다. 우리는 종종 자신을 타인의 시선과 사회적 역할로 정의하지만, 데카르트는 외부의 영향을 제거하고 내면을 탐구하는 과정이 필요하다고 가르친다. 이는 내가 지금 어떤 상황에 처해 있더라도, 내 생각과 존재 자체가 가장 '본질적인 나'라는 것을 일깨워 준다.

본질을 찾기 위한 질문

데카르트 철학에서 가장 중요한 출발점은 자신의 본질을 이해하기 위한 '끊임없는 질문'이다. 그는 우리가 알고 있다고 여기는 모든 지식, 모든 관념을 철저히 의심하며 다시 점검해야 한다고 보았다.

'나는 누구인가?'라는 질문은 단순히 직업이나 성격, 취향을 묻는 것이 아니다. 그것은 내가 어떤 삶을 선택했는지, 왜 그런 선택을 했는지, 그리고 나의 가치와 신념이 지금의 행동과 일치하는지를 묻는, 근본적인 존재 탐색의 질문이다.

데카르트는 『방법서설 Discours de la méthode』에서 "자신이 살아온 모든 생각과 믿음을 처음부터 다시 검토하려는 결심은 결코 가벼운 일이 아니며, 모든 이가 따라야 할 보편적인 길도 아니다"라고 했다.

그는 인간을 크게 두 부류로 나누었다. 그중 하나는 '자신이 실제보다 더 많은 것을 알고 있다'고 믿는 사람들이다. 이들은 자신의 지적 능력을 과대평가하고, 충분한 근거나 논리적 검토 없이 너무 빠르게 판단을 내린다. 무엇보다도, 생각을 차분히 순서대로 이끌어 나갈 수 있는 인내심이 부족하다. 이런 사람들은 겉보기에는 결단력이 있어 보이지만, 실상은 자신이 의존하고 있는 생각의 토대를 제대로 검토해 본 적이 없다. 그렇기 때문에 이들이 기존에 믿고 있던 원리나 의견을 단 한 번이라도 의심하는 순간, 그 의심은 곧 혼란으로 이어진다. 자신의 기준도 확립되지 않은 상태에서 기존의 신념을 버리면, 어떤 방향으로 나아가야 할지 판단하지 못하고, 결과적으로 일생을 방황하게 된다. 데카르트는 이것을 '성급한 회의의 위험'이라고 보았다.

단지 권위나 관습을 거부하는 것으로는 새로운 앎에 도달할 수 없다. 오히려 자신의 내면에 충분한 질서와 논리, 그리고 인내가 갖추어져야 비로소 의심은 철학적 사유의 도구가 될 수 있다. 그에게 있어 진리를 향한 탐구는 단번에 이루어지는 것이 아니라, 마치 복잡한 미로를 천천히 빠져나오듯, 단계적으로 이루어져야 하는 것이다. 이런 과정 없이 의심하는 행위만 흉내 내는 사람은 방향을 잃은 채 끝없는 질문의 회로 속에서 벗어나지 못하게 된다.

또 다른 부류는 '자신의 판단이 언제나 옳은 건 아니다'라는 사실을 겸허히 받아들이는 사람들이다. 이들은 인간의 이성이 본질적으로 한계를 지니고 있다는 점을 인정하며, 자신이 옳고 그름을 명확히 구분할 능력을 충분히 갖추지 못했을 수도 있다는 가능성을 염두에 둔다. 그들에게는 자신이 따르던 스승이나 사회적 권위보다 나은 판단력을 지니고 있다는 확신이 없다. 그래서 이들은 자신의 의견을 내세우기보다, 이미 오랫동안 인정받아 온 기존의 의견에 기대는 편을 택한다. 철학적 사유나 의심을 통해 진리를 직접 탐색하기보다는, 이미 존재하는 제도나 지식 체계 속에서 안정과 일관성을 유지하는 삶을 선택한다.

데카르트는 이런 태도가 단순히 나약함의 표현은 아니라고 본다. 오히려 겸손과 이성의 균형이 담긴 태도일 수 있다고 여긴다. 다만, 이런 사람들은 철학적 탐구에 나설 용기와 능력을 갖추지 못한 경우가 많기 때문에, 삶의 본질적 문제에 대해 깊이 있는 성찰로 나아가기는 어렵다. 그들은 기존 지식의 경계 안에 머무르며, 새로운 진리에 대한 탐색보다는 이미 주어진 질서에 순응하며 살아가는 데 만족한다.

데카르트는 두 유형 모두가 참된 철학적 여정에 오르기 어렵다고 보았다. 그렇기에 그는 오직 한 사람, 바로 자신의 내면을 향한 탐색을 결심한다. 이미 누군가의 길을 따르기보다는, 자신이 직접 삶의 원리들을 하나씩 점검해 보려는 고독한 결단이다. 이러한 태도는 우리에게도 질문을 던지게 한다.

"나는 지금 누구의 생각으로 살고 있는가? 내 신념은 나의 삶에서 어떻게 작동하고 있는가? 그리고 나는 나 자신을, 정말로 한

번이라도 깊이 검토해 본 적이 있는가?"

본질은 단지 주어진 것이 아니라, 끊임없이 묻고 되짚어야만 드러나는 것이다. 데카르트에게서 배우는 것은 단지 철학적 기술이 아니라, 살아 있는 질문을 놓지 않겠다는 존재의 태도다.

⋮

생각하는 나, 살아가는 나

데카르트의 철학은 단지 '생각'에 머무르지 않는다. 그가 말한 "나는 생각한다, 고로 존재한다"라는 문장은 머릿속에서만 맴도는 이론이 아니라, 존재의 방식 자체를 바꾸는 삶의 선언이다. 그가 말한 '생각하는 나'는 멈춰 있는 존재가 아니라, 끊임없이 자기 삶을 점검하고 반성하는 주체다.

오늘을 살아가는 나 역시 마찬가지다. 나는 매일 선택하고, 판단하고, 행동한다. 그러나 그 모든 선택의 이면에 '왜 그런 선택을 했는가?' '그 판단은 나의 신념과 일치하는가?'라는 물음이 따라야 한다. 생각 없이 반복되는 삶은 어느 순간 나를 타인의 기대나 사회의 기준 속으로 밀어 넣고, 결국 내가 누구인지조차 모른 채 살아가게 만든다.

데카르트는 모든 것을 의심했지만, 그 의심 끝에 가장 확실한 나를 발견했다. '생각하고 있는 지금, 이 순간 내가 존재한다'라는 단순하지만 흔들리지 않는 진리. 그는 이 진리를 바탕으로 모든 학문과 삶의 기반을 새롭게 세우려 했다. 그것은 철학자의 몫만이 아니다. 자신의 삶을 책임지고자 하는 모든 사람의 몫이기도 하다.

지금 내가 하는 생각, 지금 내가 하는 질문이 바로 나의 존재를 구성한다.

그렇다면 살아간다는 것은 단순히 시간을 보내는 것이 아니라, 끊임없이 나 자신에게 말을 걸고, 때로는 불편한 질문을 던지며, 삶의 방향을 스스로 점검하는 과정이어야 한다.

'생각하는 나'는 곧 '살아있는 나'이며, 바로 그 순간이야말로 가장 인간다운 순간이다.

공자의
'예禮의 철학'

우리는 다른 사람과의 관계 속에서 살아간다. 가족, 친구, 동료, 연인 등 다양한 사람들과 연결되어 있지만, 때로는 그 관계가 나를 지치게 하거나 혼란스럽게 만들기도 한다. '나'와 '타인'의 경계가 모호해질 때, 나 자신을 잃어버리기 쉽다.

공자孔子의 철학은 이러한 문제를 해결하는 데 중요한 통찰을 제공한다. 그는 인간관계의 핵심을 '예禮'라는 개념으로 설명하며, 나와 타인의 조화로운 관계를 위해 경계를 설정하고 서로를 존중하는 방식을 제시했다.

공자의 '예'는 단순히 제사나 인사 같은 형식적인 의례나 오래된 관습을 뜻하지 않는다. '예'는 삶을 살아가는 태도이며, 인간관계 속

◆◆

에서 균형과 조화를 유지하기 위한 내면의 질서다. 공자는 인간을 철저히 관계적 존재로 보았다. 누구든 홀로 존재하지 않으며, 태어나는 순간부터 부모의 자식으로서, 성장하면 누군가의 친구로서, 나아가 사회의 구성원으로서 관계 속에 위치하게 된다. 이때 중요한 것은 각자의 위치를 바르게 인식하고, 그에 맞는 태도와 책임을 갖는 일이다. '예'는 바로 그 '위치'와 '관계'에 대한 자각에서 출발한다. 내가 누구와 어떤 관계에 있는지를 알고, 그에 맞게 말하고 행동하는 것, 그것이 '예'의 본질이다.

또한 '예'는 개인의 자유를 억압하는 외적 규범이 아니라, 타인과의 관계 속에서 나 자신을 바로 세우는 방식이다. 내가 나의 자리를 지킬 때 타인의 자리를 침범하지 않게 되며, 그 결과로 관계의 조화가 이루어진다.

공자는 이를 "군군신신부부자자君君臣臣父父子子"라는 말로 표현했다. '임금은 임금답고, 신하는 신하다우며, 아버지는 아버지답고, 자식은 자식다워야 한다'라는 뜻이다. 겉으로 보면 권위적 사회 질서를 옹호하는 듯 보일 수 있지만, 그 본질은 다르다. 이 말의 핵심은 '서로의 역할과 책임을 인식하고 존중하라'는 데 있다. 즉, 자기 자리를 지키는 동시에 타인의 자리를 인정하라는 철학적 요청이다. '예'는 타인을 억누르기 위한 도구가 아니라, 관계 속에서 서로가 상처받지 않도록 돕는 보호막이다. 그것은 경계 없는 친밀함이나 조건 없는 헌신이 아니라, 적절한 거리감 속에서 서로를 배려하는 방식이다. 말과 행동의 형식을 갖춘다는 것은 단지 체면을 지키기 위해서가 아니라, 상대를 존중하고 자신을 다스리는 자기 훈련의 과정이다.

오늘날 우리는 관계의 평등과 자유를 강조하면서도, 종종 그 경계를 무너뜨리는 실수를 범하곤 한다. '친밀함'이라는 이름으로 타인을 침범하거나, '솔직함'이라는 명목으로 상대에게 상처를 입히기도 한다. 이런 시대일수록 공자의 '예'는 개인의 진정성과 관계의 조화를 동시에 지키는 기술로서 더 큰 가치를 지닌다. '예'는 시대를 초월해 묻는다.

"당신은 지금, 관계 속에서 어떤 위치에 있으며, 그 자리를 바르게 지키고 있는가?"

'서른'이라는 나이는 직장에서의 직무, 가정에서의 책임, 친구와의 관계 등 다양한 사회적 위치를 동시에 감당해야 하는 시기다. 공자의 '예'는 이러한 관계에서 나와 타인의 역할을 분명히 하고, 관계의 조화를 이루는 실천적 지침을 제공한다.

나와 타인의 차이 인정하기

공자는 '예'와 더불어 '서恕'를 인간관계에서 실천해야 할 중요한 덕목으로 강조했다. '예'가 외형의 조화를 다스리는 규범이라면, '서'는 마음의 방향을 바르게 하는 원칙이다. 특히 공자가 '서'를 가장 핵심적으로 언급한 대목은 『논어論語』의 제12편인 〈안연顏淵〉에서 제자 염옹仲弓의 질문에 답하는 장면이다. 염옹이 "어떻게 하면 인仁한 삶을 살 수 있겠습니까?"라고 묻자, 공자는 이렇게 말한다.

> "집 밖에서 사람을 대할 때는 마치 귀한 손님을 대하듯 하고, 사람을 부릴 때는 마치 신에게 제사드리듯이 정중히 하라. 그리고 네가 하기 싫은 일을 남에게 시키지 마라己所不欲 勿施於人. 그렇게 하면 나라 안에서도 원망을 듣지 않을 것이고, 가정 안에서도 원망을 듣지 않을 것이다."

이 짧은 가르침 속에는 공자의 '관계 철학' 전체가 응축되어 있다. 먼저 그는 인간이 살아가는 모든 환경, 즉 사회와 가정에서 '존중의 태도'를 기본으로 삼아야 한다고 보았다. 어떤 사람을 만나든 귀한 손님처럼 대하고, 어떤 일을 맡기든 신성한 의식을 치르듯 정중해야 한다는 말은 타인의 입장을 존중하는 태도를 삶 전체에 적용하라는 뜻이다. 그리고 그 핵심으로 등장하는 문장이 바로 '기소불욕 물시어인己所不欲 勿施於人', 즉 "내가 원하지 않는 바를 남에게 행하지 말라"는 '서'의 정신이다. 이 말은 단지 도덕적 명제를 넘어서, 자기중심적 판단을 내려놓고 타인의 시선에서 생각해 보라는 요청이다. 내가 하기 싫은 일, 내가 불쾌하게 여길 일, 내가 상처받을 수 있는 말을 상대 역시 원하지 않을 수 있음을 이해하는 것, 그 이해가 바로 관계를 성숙하게 만드는 출발점이다.

공자는 이 가르침이 거창한 철학이 아니라, 일상 속에서 누구나 실천 가능한 태도라고 보았다. 제자인 염옹이 "제가 비록 총명하지 못하지만, 반드시 이 말씀을 실천하겠습니다"라고 말한 것도 그 때문이다. '인'의 길은 천재적인 통찰이 아니라, 작은 배려와 절제의 반복 속에서 실현되는 덕목이다.

오늘을 사는 우리에게도 이 가르침은 여전히 유효하다. 가까운 관계일수록 우리는 쉽게 판단하고, 쉽게 실망하고, 쉽게 상처를 준다. 그러나 그때마다 '내가 그 입장이라면 어땠을까?'라고 자문해 보는 습관이야말로, 관계를 지키는 최소한의 윤리이자 자신을 성숙하게 만드는 삶의 태도다.

나와 타인을 위한 균형

공자의 철학에서 '예'는 단순히 규칙이나 제한이 아니다. 그것은 타인의 감정을 억지로 눌러서 만든 외적 통제도 아니고, 자신을 희생하면서까지 관계를 유지하려는 도구도 아니다. 오히려 '예'는 나와 타인이 함께 조화를 이루기 위한 적극적인 실천 방식이다.

공자는 '예'로 다스리지 않으면 무질서해진다고 말했다. 이 말은 '예'가 단순히 고대의 격식을 넘어서, 관계를 유지하는 삶의 질서이자 공동체의 평화를 지키는 핵심 원리임을 보여준다. '예'는 나를 숨기게 하는 도구가 아니라, 내가 나다울 수 있도록 돕는 방식이기도 하다. '예'를 갖춘다는 것은 나의 감정과 의사를 상대에게 무례하지 않게, 그러나 정확하게 전달하는 훈련이다. 동시에, 상대의 감정과 경계를 침범하지 않으면서 그를 존중하는 태도다. 이처럼 존중하는 말과 행동을 통해 우리는 서로에게 상처를 주지 않고, 더 깊은 신뢰를 쌓아갈 수 있다.

특히 '서른'이라는 시기는 인간관계의 복잡성이 가장 밀도 높게 몰려드는 시기다. 가족의 기대, 직장에서의 역할, 친구들과의 거리, 연인 혹은 동반자와의 미래까지, 여러 관계가 겹겹이 중첩되는 이 시기에는 '나'만 생각해서도, '타인'만 고려해서도 균형을 유지하기 어렵다.

　공자의 가르침은 관계의 균형이 흔들리는 시기에 우리가 어떤 태도를 보여야 하는지를 구체적으로 제시한다.

　첫째, 공자는 '나의 자리를 인식하는 것'이 중요하다고 말한다. 지금 내가 어떤 관계 안에 있으며, 그 안에서 어떤 책임과 역할을 지니고 있는지를 자각하는 일은 모든 조화의 출발점이다. '예'는 내가 나의 위치를 혼동하지 않도록 도와주며, 역할과 태도의 경계를 분명하게 해준다.

　둘째, 공자는 '타인의 자리를 존중하는 것'을 강조한다. 내가 중심이 되는 삶을 살더라도, 타인의 존재를 무시하거나 배제해서는 안 된다. 상대의 생각과 감정을 함부로 판단하지 않고, 상대가 처한 상황을 있는 그대로 이해하려는 태도는 공자가 말한 '서'의 실천과도 깊이 연결되어 있다.

　마지막으로 공자는 '예를 세우되, 단절하지 않는 것'이 중요하다고 말한다. '예'는 타인을 밀어내기 위한 차단의 장치가 아니라, 서로를 침해하지 않으면서도 소통할 수 있는 거리를 조율하는 도구다. 나를 지키기 위한 적당한 거리와, 타인에게 다가가기 위한 섬세한 방식 사이에서 균형을 찾아가는 연습, 그것이야말로 공자의 '예'가 오늘의 삶에 여전히 유효한 이유다.

결국 '예'는 단순히 '이렇게 하라'는 외적 명령이 아니라, 관계 속 나를 건강하게 만들기 위한 내면의 질서이자 실천적 지혜다. 공자의 '예'는 사람들 사이의 거리를 벌리기 위한 것이 아니라, 적절한 거리 속에서 신뢰를 자라나게 하기 위한 철학적 기초였다. 나와 타인의 경계를 이해하고 조화를 이루는 것은 삶을 살아가는 데 있어 필수적인 과제다.

　'서른'이라는 전환점에서, 우리는 공자의 철학을 통해 관계의 복잡함 속에서도 균형과 평화를 찾는 방법을 배울 수 있다. '관계'란 단순히 나와 타인이 연결된 상태가 아니라, 서로의 경계를 존중하며 조화를 이루는 끊임없는 실천이다.

장자의
'무위자연無爲自然'

:

억지스럽지 않은 삶

현대인은 바쁘다. 특히 서른의 삶은 목표를 향해 끊임없이 달려
가는 시간처럼 느껴진다. 더 나은 직업, 더 높은 성취, 더 안정된 관
계를 추구하며 하루하루를 보내지만, 그 끝에서 종종 허무함을 느
끼기도 한다. 나는 무엇을 위해 이렇게 달리고 있는 걸까? 내가 진
정으로 원하는 삶은 무엇일까?

장자莊子는 이 질문에 대해 특별한 답을 제시한다. 그는 '무위자연
無爲自然'이라는 개념을 통해, "자연의 흐름을 따르며 억지로 애쓰지
않는 삶의 방식이야말로 진정한 행복을 가져다준다"라고 말했다.
현대의 경쟁적이고 목적 중심적인 삶과는 대조적으로, 장자의 철학
은 우리에게 자연스러운 삶의 가치를 일깨워 준다.

장자의 '무위無爲'는 오해하기 쉽다. 문자 그대로의 '무無'와 '행동하지 않음爲'으로 해석하면, '아무것도 하지 않고 무기력하게 머무는 상태'처럼 보인다. 그러나 장자가 말한 '무위'는 그런 소극적 태도가 아니다. 그것은 억지로 애쓰지 않고, 인위적인 간섭 없이 자연의 흐름에 따르는 삶의 방식이다. 단순히 '하지 않음'이 아니라, '억지로 하지 않음'이다. 자연스러운 순리에 맡기되, 그 흐름을 거스르지 않고, 자신을 잃지 않으며 살아가는 태도를 의미한다.

장자는 이러한 무위의 삶을 '물'에 비유하여 설명한다. 물은 가장 낮은 곳으로 흐르며, 자신을 주장하지 않는다. 그러나 그 유연함은 결코 약함이 아니다. 오히려 물은 부드럽지만 강하고, 고요하지만 집요하다. 어떤 장애물이 앞을 가로막아도, 물은 그것을 억지로 밀어붙이지 않고 스며들거나 돌아가며 자신의 길을 끝내 찾아낸다. 물은 상황에 따라 모양을 바꾸지만, 본질은 변하지 않는다. 이는 곧 '무위자연'의 핵심 정신이다.

억지로 무언가를 쟁취하려고 하거나, 사회의 속도에 나를 억지로 맞추려 할 때, 우리는 오히려 더 많은 혼란과 피로를 겪는다. 반면, 물처럼 살아간다는 것은 외부의 조건이나 평가에 따라 요동치지 않으며, 필요 이상으로 긴장하거나 통제하려 들지 않고 자기만의 흐름을 존중하는 것이다.

'무위'는 게으름이나 무관심과는 다르다. 그것은 철저한 자기 이해와 신뢰에서 비롯된다. 내가 어떤 사람인지, 지금 어디에 있는지를 알고 있기에, 더 이상 세상의 기준에 맞춰 자신을 증명하려 하지 않는다. 그러한 삶은 조용하지만 깊고, 부드럽지만 단단하다.

서른의 삶은 종종 외부의 기준에 맞추려는 노력으로 가득하다. "이 나이에 이 정도는 되어야 한다"라는 사회적 기대에 따라 목표를 세우고, 그것을 이루기 위해 자신을 몰아붙인다. 그러나 장자는 이러한 억지스러운 노력이 오히려 삶의 불행과 혼란을 가져온다고 말한다. 억지로 나아가려 하지 않고, 자연스럽게 자신의 흐름을 따르는 것. 그것이 '무위의 삶'이다.

진정으로 원하는 것을 찾다

장자는 무위자연의 삶을 실천하기 위해 먼저 자신의 욕망을 들여다보라고 가르친다. 현대를 살아가는 우리는 종종 타인의 기준에 따라 욕망을 형성한다. 좋은 집, 안정된 직업, 사회적 성공 등이 모두 우리가 진정으로 원하는 것인지, 아니면 외부의 기준이 만들어낸 허상인지 자문할 필요가 있다. 그는 인간이 고통받는 가장 큰 이유 중 하나가, 자신이 원하는 것을 스스로 선택했다고 믿지만, 실제로는 타인의 기대와 사회의 기준 속에서 그것을 '배운' 경우가 많기 때문이라고 보았다.

장자는 말한다. "진정한 자유는 욕망을 이루는 데서 오는 것이 아니라, 그 욕망이 어디에서 비롯되었는지를 깨닫는 데서 시작된다" 라고 말이다.

이런 태도를 가장 상징적으로 보여주는 인물이 바로 허유許由다. 장자는 『장자莊子』〈내편內編〉에서, 요임금이 천하를 물려주겠다고 했을 때 허유가 이를 거절하는 장면을 전한다. 요는 허유를 세상에서 가장 어질고 지혜로운 사람으로 여기고, 천하를 다스릴 권력을 그에게 넘기려 한다. 하지만 허유는 그 제안을 단호히 거절하며, 흐르는 강물에 귀를 씻는다. 이는 단지 권력을 탐하지 않는다는 의미가 아니라, 외부의 가치 기준 자체를 자신의 삶 속으로 들이지 않겠다는 결연한 선언이다.

허유에게 중요한 것은 '좋은 자리'나 '높은 명성'이 아니었다. 그는 자연 속에서 자신의 본성을 따르며 살아가는 것을 최고의 삶으로 여겼다. 요임금의 호의조차 삶의 평온을 깨뜨리는 간섭으로 여겼고, '귀를 씻는' 행동은 바로 외부의 소음으로부터 자신을 지키고자 하는 철학적 결단을 상징한다. 그에게 있어 '진정한 삶'이란, 억지로 무엇이 되려 애쓰지 않고, 자신에게 주어진 자연스러운 길을 따라가는 것이었다.

장자가 허유를 통해 말하고자 한 것은 단순한 은둔의 삶이 아니다. 그것은 욕망을 다스리는 자의 삶이다. '나에게 주어진 욕망이 과연 내 삶을 윤택하게 만드는가?' 아니면 '나를 끝없이 타인과 비교하게 만들고 있는가?' 이런 질문을 던질 수 있을 때, 우리는 외부의 기준에서 벗어나 내면의 중심을 따라 사는 삶을 회복할 수 있다. 허유처럼 모든 것을 버릴 수는 없더라도, 지금 내 삶을 움직이는 동기가 과연 나의 진심에서 비롯된 것인지를 묻는 일, 그 물음에서부터 무위자연의 삶은 시작된다.

자연스러운 삶을 선택한다는 것

장자의 무위자연은 고요한 산속에 은둔하거나 세상과 단절하는 삶을 말하지 않는다. 오히려 그것은 복잡한 현실 속에서도 자기 삶의 중심을 잃지 않고 살아가는 방법이다. 바쁘게 돌아가는 일상, 끊임없는 경쟁, 비교와 속도에 익숙해진 현대 사회 속에서 무위자연의 삶을 실현하기란 결코 쉽지 않다. 그러나 불가능한 일도 아니다. 그것은 삶의 속도를 늦추는 것이 아니라, 삶의 방향을 자기 내면으로 되돌리는 것에서부터 시작된다.

자연스럽게 산다는 것은 거창한 변화를 의미하지 않는다. '지금 내가 하는 선택이 정말 내 안에서 비롯된 것인지'를 자주 묻는 습관만으로도 무위의 삶은 시작될 수 있다. 때로는 욕망을 좇기보다 멈춰 서서 숨을 고르고, 내가 무엇에 휘둘리고 있는지를 점검해 보는 시간. 타인의 기대에 나를 맞추는 대신, 내가 원하는 삶의 형태와 리듬을 발견하려는 태도. 이런 작은 성찰들이 모여 결국, 장자가 말한 자연스러운 삶의 방향으로 나를 이끈다.

현대에서 무위는 행동을 멈추는 것이 아니라, 의도와 방향을 바꾸는 실천이다. 더 많이 가지려는 욕망보다 덜어내는 선택을, 경쟁보다는 조화와 흐름을, 통제보다는 수용과 이해를 중시하는 삶의 방식이다. 그렇게 살아갈 때 우리는 억지로 애쓰지 않아도 더 충만한 만족을 경험할 수 있고, 세상의 기준에 흔들리지 않으면서도 나다운 속도로 앞으로 나아갈 수 있다.

삶의 정답은 하나가 아니다.

"당신은 지금, 당신의 흐름대로 살고 있는가?"

이 물음 앞에서 우리가 잠시 멈추고 삶을 다시 바라본다면, 그 순간이 바로 자연스러운 삶이 시작되는 지점이 될 수 있다.

스토아 철학의
'감정 조절'

스토아학파Stoicism의 철학은 "통제할 수 있는 것과 통제할 수 없는 것을 구분하라"라는 가르침에 있다. 통제할 수 없는 것에 집착하지 않을 때, 우리는 자유로워진다. 이 단순한 문장은 스토아 철학이 추구한 삶의 본질을 드러낸다. 단지 고통을 피하거나 감정을 억누르는 기술이 아니라, 인간의 삶을 더욱 고귀하게 만들기 위한 실천적 지혜였다.

스토아 철학의 첫 번째 핵심 개념은 에우다이모니아eudaimonia, 즉 '진정한 행복'이다. 여기서 말하는 '행복'은 쾌락이나 즐거움 같은 감각적 상태가 아니라, '덕'에 따라 살아가는 내적 충만함과 평정의 상태를 의미한다.

스토아 철학자들은 외부의 조건이나 환경, 타인의 평가 때문에 삶을 흔들리게 해서는 에우다이모니아에 이를 수 없다고 보았다. 오직 자신의 판단, 선택, 태도와 같은 '내면의 주권'을 지킬 때, 인간은 진정한 의미에서의 행복에 다다를 수 있다고 믿었다.

고대 그리스 스토아 철학자 에픽테토스Epictetos는 노예 출신이다. 그는 가장 가혹한 조건 속에서도 자유로운 정신을 유지하는 방법을 가르쳤다. "내가 통제할 수 없는 것에는 관심을 두지 말고, 내가 통제할 수 있는 것에 집중하라"는 그의 가르침은 지금까지도 삶의 주도권을 되찾는 가장 강력한 조언으로 남아 있다.

우리의 감정, 욕망, 선택은 우리가 통제할 수 있는 반면, 타인의 말, 사회의 평판, 운명 같은 것은 우리 손에서 벗어난 것이다. 스토아 철학은 내가 바꿀 수 없는 것에 집착하지 않을 때, 우리는 비로소 삶의 주도권을 되찾는다고 말한다. 이것이 곧 '에우다이모니아의 길'이다.

스토아 철학의 두 번째 핵심 개념은 정서적 회복력, 다시 말해 '감정에 휘둘리지 않는 자기 통제력'이다. 인간은 누구나 분노하고 슬퍼하며 불안을 느낀다. 그러나 스토아 철학자들은 감정을 느끼는 것 자체가 문제가 아니라, 그 감정에 사로잡혀 자신을 잃는 것이 문제라고 보았다. 슬픔은 인간적인 감정이지만, 그것에 무너지는 것은 이성적이지 않다. 스토아 철학은 감정의 소용돌이 속에서도 중심을 지킬 수 있도록 돕는 철학이다.

감정이 일어나는 것을 인정하되, 그것에 휘둘리지 않고 자기 내면의 기준에 따라 반응할 힘, 그것이 정서적 회복력이다.

행복은 외부에 있지 않다. 그것은 내 판단과 태도, 그리고 감정에 대한 나의 대응 속에 있다. 우리가 통제할 수 없는 것에서 물러나고, 통제할 수 있는 것에 집중할 때, 우리는 더 이상 세상의 조건에 따라 흔들리지 않는다. 그 순간, 우리는 자유롭고도 단단한 삶의 철학을 가진 인간이 된다.

내적 평화를 유지하는 힘

스토아 철학은 고대 그리스에서 시작되어 로마 제국에 이르기까지 수백 년간 이어져 온 삶의 철학이다. 그 중심에는 언제나 '내면의 평정, 아타락시아ataraxia'가 있었다. 어떤 외부 상황 속에서도 흔들리지 않는 정신적 안정과 자유를 추구하는 가르침이다. 아타락시아는 그리스어로 '동요하지 않음' '흔들림 없는 상태'를 뜻하며, 스토아 철학자들이 말한 가장 이상적인 정신 상태였다. 스토아 철학에서 아타락시아는 단지 고요한 마음이나 일시적인 평온을 의미하지 않는다. 그것은 인생의 격랑 속에서도 중심을 잃지 않는 단단한 내면, 즉 운명과 외부 조건을 있는 그대로 받아들이되, 나의 태도와 판단은 내가 선택하겠다는 자율성의 표현이다. 이 평정은 감정을 없애는 것이 아니라, 감정을 다스리는 힘에서 비롯된다. 슬픔이 찾아와도 무너지지 않고, 분노가 솟아도 휘둘리지 않는 상태, 그것이 아타락시아다.

에픽테토스는 말한다.

"누군가가 당신을 화나게 했다고 말하지 마라. 단지 당신이 화나
   게 반응했다는 것이다."

즉, 외부 사건이 나를 흔드는 것이 아니라, 내가 그것에 대해 어떻게 생각하고 받아들이는지가 나를 흔드는 것이다. 스토아 철학은 이런 자각을 바탕으로, 감정의 기복이 아닌 이성적 분별력과 자기 통제를 통해 아타락시아에 도달할 수 있다고 본다. 이런 평정은 결코 단번에 얻어지지 않는다. 그것은 끊임없이 자신을 성찰하고, 외부의 통제 불가능한 일들을 내려놓으며, 자신의 반응과 선택만을 책임지려는 훈련의 결과다. 스토아 철학자들은 이 평정의 힘을 삶 전체의 방향으로 삼았다. 그들은 말과 글을 통해 이러한 힘을 가르쳤을 뿐 아니라, 혼란과 위기 속에서 그 평정을 실천한 삶의 본보기

가 되었다.

　우리는 스토아 철학의 역사를 따라가며, 어떻게 내적 평화를 유지할 수 있는지 그 힌트를 얻을 수 있다. 루키우스 안나이우스 세네카Lucius Annaeus Seneca는 로마 제국의 정치가이자 철학자였다. 그는 부와 권력을 가졌지만, 인간이 겪는 갈등과 욕망을 누구보다 깊이 이해했던 인물이다. 세네카는 "우리는 외부의 사건에 흔들리는 것이 아니라, 그것에 대한 우리의 판단에 흔들린다"라고 말한다. 그는 자기 통제를 통해 감정을 다스리는 훈련이야말로 평온한 삶의 출발점이라고 보았다.

　가이우스 무소니우스 루푸스Gaius Musonius Rufus는 실천적 스토아주의의 대가로, 철학은 '말보다 행동'이라고 믿었다. 그는 일상 속에서 인내와 절제를 실천하고, 삶의 태도를 바르게 유지하는 것이야말로 진정한 철학적 수양이라고 강조했다. 루푸스는 여성도 철학을 배워야 한다고 주장했을 만큼, 모두가 자신의 내면을 단련할 수 있다는 믿음을 가졌던 인물이다.

　마르쿠스 아우렐리우스Marcus Aurelius Antoninus는 로마 제국의 황제이자 『명상록Τὰ εἰς ἑαυτόν』을 남긴 철학자였다. 그는 제국의 혼란 속에서도 내면의 평정과 도덕적 의지를 지키는 법을 스스로 끊임없이 되새겼다. 그는 이렇게 말했다.

"당신이 무엇을 생각하느냐가 당신 정신의 질을 결정한다. 당신
　의 영혼은 당신이 하는 생각의 빛깔을 띠게 된다."

이처럼 스토아 철학자들은 각자 다른 시대와 위치에 있었지만,
모두 외부의 혼란 속에서 내면을 지키는 훈련을 강조했다. 그들의
삶은 단지 철학의 전달이 아니라, 철학을 실천한 증거였다.

내가 할 수 있는 것에 집중하기

스토아 철학은 단순한 명상이 아니라, 실천의 철학이다. 우리는
종종 너무 많은 것을 통제하려 한다. 누군가의 반응, 사회의 분위기,
미래의 불확실성까지 모두 내 힘으로 바꾸려 애쓰다 보면, 정작 내
가 바꿀 수 있는 것에 쏟을 에너지마저 잃게 된다. 배에 오른 선원은
바람을 통제할 수 없지만, 돛은 조정할 수 있다. 삶도 마찬가지다.
우리는 바람처럼 변덕스러운 세상의 조건을 바꿀 순 없지만, 자신
의 태도와 선택, 말과 행동은 언제든 조절할 수 있다.

그렇다면 구체적으로 우리는 어디에 집중해야 할까?

첫째, 지금 이 순간에 머물러야 한다. 어제의 후회와 내일의 불안
은 이미 가버렸거나 아직 오지 않은 것에 대한 마음의 반응일 뿐이

다. 지금 내가 할 수 있는 작은 일에 집중하는 것, 예컨대 한 통의 진심 어린 메시지를 보내는 일, 해야 할 일을 차분히 마무리하는 일, 오늘 하루를 잘 살아내는 일이야말로 현실에 뿌리내리는 훈련이다.

둘째, 반응을 선택하는 힘을 길러야 한다. 누군가가 날 비난했을 때, 바로 반응하기보다 한 걸음 물러나 스스로 묻는 것이다. '이 상황에서 내가 통제할 수 있는 건 무엇인가?' 상대의 말은 바꿀 수 없지만, 그 말에 반응하는 나의 태도는 내가 결정할 수 있다. 이 자각이야말로 내적 평정의 출발점이다.

셋째, 나만의 기준을 세워야 한다. 세상의 잣대에 휘둘리지 않고 살아가기 위해서는, 나 자신이 삶의 기준을 정해야 한다. 무엇이 나에게 의미 있는 일인지, 어떤 관계가 내게 진정한 기쁨을 주는지를 알아가는 과정이 필요하다. 기준이 명확해질수록, 나는 외부의 평가보다 스스로 더 충실한 삶을 살 수 있게 된다.

결국, 우리가 통제할 수 있는 것은 삶의 일부에 불과하지만, 그 일부에 집중할 때 우리의 삶 전체가 달라진다. 혼란은 멈추지 않을지라도, 그 안에서 흔들리지 않는 나를 지켜낼 수 있다. 그것이 스토아 철학이 말하는 진정한 자유이고, 우리가 도달할 수 있는 평정의 삶이다.

카프카의
'자기 발견'

삶을 살아가다 보면 우리는 종종 혼란과 갈등 속에서 길을 잃는다. 특히 '서른'이라는 시기는 자신이 걸어온 길과 앞으로 가야 할 길 사이에서 불안과 의문이 커지는 시점이다. 무엇을 위해 달려 왔는지, 지금 내가 어디에 서 있는지, 그리고 어디로 가야 할지를 고민하는 순간이 많아진다. 이때 필요한 것은 외부의 기준이나 타인의 기대가 아니라, 나 자신의 내면으로부터 들려오는 목소리에 귀를 기울이는 것이다.

프란츠 카프카Franz Kafka는 작품을 통해 현대인의 고독과 자기 탐구의 중요성을 일깨운다. 그는 체코 프라하에서 태어난 유대인으로, 아버지의 기대와 사회적 책임, 생계를 위한 노동 속에서 끊임없이 '작가로서의 나'와 '시민으로서의 나' 사이에서 갈등을 겪었다. 카프카는 낮에는 보험회사에 다니며 타인의 질서를 따랐고, 밤에는 글쓰기를 통해 자신만의 세계를 구축하려 애썼다. 그의 삶에서 가장 명확하게 드러나는 흔적은 바로 글쓰기 자체와 글쓰기를 위한 끈질긴 투쟁이었다. 그는 자신에 대해 이렇게 말했다.

> "나는 문학에 관심이 없지만 문학으로 구성되어 있으며, 나는 문학 이외 다른 것이 아니고, 다른 것이 될 수 없다."

이는 단순한 직업 선택의 문제가 아니다. 그에게 '글쓰기'는 자신이라는 존재를 구성하는 본질이었고, 동시에 자신을 잃지 않기 위한 투쟁이었다. 카프카는 외부의 소음 속에서 자주 침묵했고, 그 침묵의 시간을 글로 메우려 했다. 그는 타인의 기대와 자기 존재 사이에서 생겨나는 모순을 견디며 살아야 했고, 그 고통에서 나온 문장들은 오늘날까지도 많은 이의 내면에 닿는다. 그의 글은 말한다. "외부의 세계가 아무리 시끄럽더라도, 내면의 진실을 향한 귀 기울임을 멈추지 말아야 한다"고. 그것이 때로는 고통스러워도, 결국 우리를 지탱해주는 유일한 목소리라고.

카프카의 삶은 우리에게 묻는다.

"당신은 무엇으로 구성되어 있는가? 당신의 하루는 누구의 목소
　리로 채워져 있는가?"

　'서른'이라는 인생의 분기점에서, 우리는 다시금 스스로에게 귀
기울일 수 있어야 한다. 타인의 기준이 아닌, 나 자신의 진실한 목소
리에 말이다.

⋮
내면의 목소리와 마주하다

　프란츠 카프카의 소설 속 인물들은 종종 자신의 의지와 상관없이
외부의 거대한 구조와 기대에 의해 억압받는다. 이들은 어떤 명확
한 이유도, 설명도 없이 시스템에 눌리고, 존재 자체를 의심받게 되
는 상황에 부닥친다. 그의 대표작 『변신Die Verwandlung』은 이러한 억
압의 실존적 공포와 자기 소외를 가장 압축적으로 담고 있는 작품
이다.

　소설은 주인공 그레고르 잠자가 어느 날 아침, 커다란 벌레로 변
해버린 채 깨어나는 장면으로 시작된다. 하지만 그레고르의 첫 반
응은 놀람이나 혼란이 아니다. 그는 벌레로 변한 자신의 몸보다, 회
사에 지각하게 되었다는 현실을 더 걱정한다. 이 장면은 그의 삶이

얼마나 철저히 외부의 요구와 기대에 길들어 있었는지를 드러낸다.

그레고르는 가족의 생계를 책임지기 위해 하루도 쉬지 않고 일해 왔다. 아버지의 빚을 갚기 위해, 자신의 건강과 자유를 희생하면서까지 헌신했다. 그러나 벌레로 변한 순간, 그는 더 이상 자신의 자리를 지킬 수 없게 되고, 그토록 헌신해 온 가족에게마저 서서히 짐짝처럼 내몰린다. 결국 그는 존재의 무게마저 거부당한 채 외따로 밀려나고 만다. 그의 변화는 단지 외형적인 것이 아니라, '사회적 정체성의 붕괴'를 상징한다. 더 이상 유용하지 않은 존재는 가족에게조차 받아들여지지 않는다.

가장 비극적인 점은, 그레고르가 끝까지 자신의 욕망이 아닌, 타인의 기대를 충족시키려는 태도를 버리지 못했다는 사실이다. 그는 자신의 처지를 설명하려 하고, 가족을 걱정하며, 이 상황이 곧 해결되리라고 믿는다. 그러나 시간이 지날수록 그는 가족의 시선에서 혐오와 공포, 피로감을 읽어내며 고립된다. 결국, 그는 가족이 연주하는 바이올린 소리에 마지막 인간적 감정을 느끼고, 그 밤에 조용히 죽음을 맞는다.

『변신』에서 카프카는 묻는다.

"우리는 누구의 기대 속에서 살아가고 있는가? 그리고 그 기대는 과연 우리의 본질을 이해하고 있는가?"

그레고르는 끝내 자신의 목소리를 내지 못했다. 외부의 역할 속에 자신을 억누르며 살아온 그는, 정작 벌레가 되었을 때 비로소 자기 존재의 실체와 마주하게 된다. 아이러니하게도, 인간일 때는 가족에게 기능적인 존재로만 사랑받았으며, 벌레가 된 뒤에는 비로소 그 사랑이 얼마나 조건적이었는지를 깨닫는다.

내면의 목소리를 외면한 삶은 언젠가 '변신'이라는 형태로 반격한다. 아무리 외부의 기준을 따라 살아도, 자기 자신과의 관계가 무너진다면, 그 삶은 결국 고립되고 파괴된다. 타인의 시선과 사회의 틀에 얽매인 채 살아가는 현대인에게 『변신』은 강렬한 경고다.

⁝
'자기 발견'이 주는 자유

'자유'는 더 이상 누군가의 통제를 받지 않는 상태만을 의미하지 않는다. 카프카가 보여준 자유는 외부의 억압으로부터 도망치는 것이 아니라, 자기 내면을 명확히 인식함으로써 얻는 해방이다. 그레고르가 끝내 자유에 이르지 못한 것은 단지 벌레로 변했기 때문이 아니다. 끝까지 자신을 잊은 채 타인의 기대에 갇혀 있었기 때문이다.

프랑스의 사상가 장 자크 루소Jean-Jacques Rousseau는 말했다.

"인간은 자유롭게 태어났지만, 어디에서나 쇠사슬에 묶여 있다."

그레고르의 삶은 이 문장의 상징적 구현이었다. 그는 '자유로운 인간'으로 태어났지만, 아버지의 빚, 회사의 기대, 가족의 생계라는 '사회적 쇠사슬'에 묶여 자기 자신을 억눌렀다.

'진정한 자유'란 외형적 조건이 아닌 내면의 각성에서 비롯된다. 자기 자신이 누구인지, 무엇을 위해 살아가는지를 자각할 때, 비로소 우리는 그 어떤 외부 조건에도 흔들리지 않는 자유를 향해 나아갈 수 있다. 그것이 카프카가 남긴 문학적 유산이자, 우리가 다시금 되묻고 되찾아야 할 내면의 목소리이다. 자기 발견은 자신이 무엇을 두려워하고, 무엇을 바라고, 어디에 상처받는지를 직면하는 일이다. 그리고 그것은 결코 쉬운 과정이 아니다. 외부의 기대에 맞춰 살아온 사람일수록, '나'를 마주하는 일은 불편하고 낯설다. 그러나 진정한 자유는 타인의 시선에서 벗어날 때가 아니라, 내면의 목소리를 있는 그대로 받아들일 때 시작된다.

자유는 나로부터 출발한다. 그 출발점은 내가 누구인지 묻는 용기, 그리고 그 답을 외면하지 않으려는 성실한 태도에 있다. 자기 자신을 이해하고 발견한 사람은, 세상의 혼란 속에서도 흔들리지 않고 살아갈 힘을 갖는다. 진짜 자유는 바로 그 안에 있다.

파스칼의
'인간의 고독'

"인간의 모든 불행은 단 하나의 원인에서 비롯된다. 그것은 바로
조용히 방 안에 머물 줄 모른다는 것이다."

프랑스 철학자 블레즈 파스칼Blaise Pascal이 『팡세Pensées』에 남긴
이 말은 현대인의 삶에도 깊은 울림을 준다. 우리는 바쁜 일상 속에
서 끊임없이 사람들과 연결되며 살아가지만, 문득 찾아오는 공허함
과 외로움은 피할 수 없다. '서른'이라는 시기는 특히 관계, 일, 성공
이라는 외부의 기준 속에서 나를 증명해야 한다는 압박감이 커지는
때다. 어디서든 누군가와 반드시 연결돼 관계를 맺고 그 속에서 나
의 존재를 드러내야 하는 것이다. 그런데도 왜 우리는 여전히 깊은

고독을 느끼는 걸까?

파스칼은 바로 이 고독을 두려워하는 인간 심리를 누구보다 깊이 통찰한 철학자였다. 그는 본래 수학과 자연과학 분야의 천재로, 인류 문명 발전의 핵심에 있던 인물이었다. 겨우 열여섯 살의 나이에 이미 '파스칼의 정리'를 통해 기하학에서 중요한 발견을 했고, 열여덟 살에는 세계 최초 계산기 중 하나인 '파스칼린Pascaline'을 고안하여 아버지의 세무 업무를 돕기도 했다. 젊은 시절부터 유체 역학, 대기압 측정, 확률 이론 등 여러 분야에서 눈부신 업적을 쌓았으며, 이후 '파스칼의 정리'는 현대 물리학과 공학의 기초 개념으로 자리 잡았다. 그러나 이처럼 외적으로는 찬란한 성공을 거두었지만, 그의 삶은 결코 안온하거나 단선적이지 않았다.

스물세 살 무렵, 그는 치명적인 교통사고를 겪는다. 그 사고는 단순한 물리적 충격을 넘어, 그의 인생 전반을 뒤흔든 존재론적 전환점이 되었다. 그는 죽음의 가능성과 인간의 유한성 앞에 서게 되었고, 이후 세상의 성공과 명예가 얼마나 허무한 것인지를 뼈저리게 깨닫는다. 이 시기 이후 파스칼은 점차 세속적 과학자로서의 삶에서 물러나기 시작한다. 그는 모든 업적에도 불구하고 인간 존재의 본질적 고독과 공허를 해결할 수 없음을 느꼈고, 오히려 그 공허함과 마주하기 위해 고독 속의 사유로 깊이 들어간다.

파스칼은 화려한 학문적 경력 대신, 누구도 대신해 줄 수 없는 '자신과의 싸움'에 몰두했다. 철학과 신학, 신앙과 회의, 인간의 비참함과 위엄 사이를 오가며 끝없이 사유했고, 그 사유의 결정체가 바로 『팡세』다.

『팡세』는 그가 남긴 단편적 사유의 기록으로, 고통, 신앙, 죽음, 고독, 인간 조건에 대한 깊은 성찰이 담겨 있다. 파스칼에게 고독은 피해야 할 것이 아니라, 반드시 마주해야 할 인간 존재의 본질이었다. 그는 인간이 끊임없이 외부 자극을 찾아 떠도는 이유가 바로 자기 자신과 마주하는 것을 두려워하기 때문이라고 보았다. 그래서 "인간의 모든 불행은 고요히 방 안에 머물지 못하는 데서 비롯된다"고 단언한 것이다.

파스칼의 이 통찰은 '서른'이라는 삶의 분기점에서 더욱 유효하다. 우리는 타인의 시선과 사회적 성취 속에 자신을 증명하려 하지만, 진정한 변화는 외부에서 오는 것이 아니라, 고독 속에서 자신을 직면할 때 비로소 시작된다.

고독은 성장의 시간이다

파스칼은 고독이 단순한 고통이 아니라, 인간이 성장하기 위한 필수적인 과정이라고 보았다. 혼자 있는 시간은 내면의 소리를 듣고, 진짜 욕망과 마주하는 기회를 제공한다. 외부의 소음이 사라지고, 내 안의 목소리에 귀를 기울이는 순간, 우리는 비로소 자신이 어떤 사람인지, 어디에 서 있는지를 자각할 수 있다.

폴란드의 사회학자 지그문트 바우만Zygmunt Bauman 역시 고독의 가치를 강조한다. 그는 저서 『고독을 잃어버린 시간44 Letters from the Liquid Modern World』(유동하는 근대 세계에 보내는 마흔네 통의 편지를 모은 에세이)에서 현 세계를 '유동하는 근대'라 부르며, 우리가 끊임없이 무언가를 향해 떠밀리고 있다고 말한다. 정보의 홍수 속에서 우리는 알게 모르게 어디론가 흘러가고, 도착하자마자 다시 다음 장소로 떠밀린다. SNS의 무한한 피드, 멈추지 않는 알림, 업데이트되는 타인의 삶. 바우만은 이 모든 것이 우리가 고독을 누릴 기회를 앗아가고 있다고 경고한다.

"결국 외로움으로부터 멀리 도망쳐 나가는 바로 그 길 위에서 당신은 고독을 누릴 수 있는 기회를 놓쳐버린다. 고독은 바로 사람들로 하여금 생각에 집중하게 하고, 신중하게 하고, 반성하게 하며, 창조할 수 있게 한다. 더 나아가 고독은 최종적으로는 인간끼리의 의사소통에 의미와 기반을 마련할 수 있는 숭고한 조건이기도 하다."

이처럼 바우만은 고독을 단순한 외로움이나 소외가 아니라, 반성하고, 창조하며, 진정한 소통의 기반을 마련할 수 있는 숭고한 심리적 공간으로 본다. 고독은 내면의 깊은 생각을 가능하게 하고, 인간관계조차 더 진실하게 만들어주는 토대가 된다. 파스칼이 말한 '사유의 공간'과 바우만이 말한 '반성과 창조의 조건'은 결국 같은 지점을 향한다.

고독은 불편하지만 반드시 거쳐야 할 성장의 문턱인 것이다.

현대 사회가 우리에게 끊임없이 '연결'을 요구하는 이 시대에, 의도적으로 멈추고, 혼자만의 시간을 가지려는 용기야말로 내면의 성숙을 위한 첫걸음이다.

고독은 자기 성찰의 시간이다. 바쁜 일상 속에서는 내가 어디에 있는지, 무엇을 원하는지 돌아볼 여유조차 없다. 하지만 고독의 순간만큼은 타인의 기대나 사회적 성공이라는 외부 기준에서 벗어나,

오롯이 자신의 목소리에 집중할 수 있다. 지금까지 어떤 길을 걸어왔는지, 그 선택에 어떤 의미가 있었는지 돌아보게 된다. 내가 왜 이 길을 선택했는지, 지금의 삶이 내게 어떤 가치를 주고 있는지, 그 모든 질문이 고독 속에서 조금씩 선명해진다.

고독은 내적 강인함을 기르는 시간이다. 불안과 외로움은 피한다고 사라지지 않는다. 오히려 외면할수록 더 깊어지고 더 오래 남는다. 그러나 고독 속에서는 그 감정들과 정면으로 마주하게 된다. 불안은 불안을 인정할 때 비로소 작아지고, 외로움은 그 존재를 받아들일 때 비로소 잠잠해진다. 그렇게 우리는 자신을 다독이는 법을 배우고, 점차 내면의 근육을 단련해 간다. 작은 흔들림에도 쉽게 무너지지 않는 단단한 사람이 되어간다.

고독은 진정한 자율성과 자유를 회복하는 시간이다. 우리는 종종 타인의 시선에 맞춰 살아가고, 사회적 성공이라는 이름의 기준에 휘둘리곤 한다. 그러나 고독은 그런 외부의 기준에서 벗어나, 내가 내 삶의 주인임을 깨닫게 한다. 더 이상 외부의 인정에 갈증을 느끼지 않고, 나 자신의 가치를 스스로 발견하는 순간이 찾아온다. 고독을 견뎌낸 사람만이 결국 내가 원하는 삶을 선택할 힘을 갖게 된다. 파스칼의 통찰처럼, 고독은 고통이 아니라 성장의 다른 이름이다.

⁘

외로움과 고독, 그 차이를 이해할 때

외로움과 고독은 언뜻 비슷해 보이지만, 그 본질은 다르다. '외로움loneliness'은 원치 않는 단절에서 오는 감정이다. 누군가와 연결되지 못한다는 상실감, 소외감, 정서적 결핍이 외로움의 바탕에 있다. 혼자 있는 시간이 두렵고 불안하게 느껴지는 이유도 바로 여기 있다. 외로움은 채워지지 않은 관계 욕구에서 비롯된, 부정적이고 수동적인 감정이다.

반면 '고독solitude'은 스스로 선택한 혼자의 시간이다. 누군가 곁에 없기 때문에 불안한 것이 아니라, 오히려 그 혼자만의 시간 속에서 자율성과 내면의 자유를 발견하는 과정이다. 고독은 타인의 시선을 내려놓고, 자기 자신과 깊이 대화하는 능동적이고 창조적인 공간이다.

심리학자들은 고독이 자아 성찰, 감정 회복, 창의성 향상에 긍정적인 영향을 준다고 말한다. 바우만과 파스칼이 강조한 것도 바로 이런 의미의 고독이다. 고독 속에서만 가능한 집중, 사유, 반성의 시간이야말로 삶의 방향을 재정립하게 만든다.

인생에 한 번은
나를 위해 질문해야 한다

서른의 시기, 우리는 종종 외로움과 고독을 혼동한다. 외로움은 삶을 무너뜨리지만, 고독은 단단하게 만든다. 외로움은 누군가의 부재에서 시작되지만, 고독은 내면의 충만에서 출발한다. 결국 중요한 것은 혼자 있는 시간을 어떻게 대하고 해석하느냐다. 스스로 선택한 고독 속에서 우리는 조금씩 성장하고, 삶의 다음 장을 준비할 수 있다.

고독을 두려워하기보다, 그 속에서 나를 단련하고 더 깊이 이해할 수 있는 용기를 가져야 한다. 외로움을 고독으로 전환할 수 있을 때, 우리는 비로소 자기 삶의 주인이 된다.

라캉의
'욕망의 구조'

:

타인의 욕망을 욕망하는 삶에서 벗어나기

"나는 누구인가?"

이 질문에 대한 답변은 단순한 자기소개 이상의 의미를 담고 있다. 우리는 자신을 잘 알고 있다고 믿지만, 사실 우리의 자아는 타인의 시선, 사회적 기대, 그리고 내면의 욕망에 의해 끊임없이 형성되고 변화한다. 프랑스의 정신분석학자 자크 라캉Jacques Lacan은 '인간의 자아는 고정된 것이 아니라, 욕망의 구조 속에서 끝없이 움직이는 존재'라고 설명했다.

라캉은 1901년 프랑스 파리에서 태어났다. 그는 젊은 시절 철학과 정신분석, 정신의학을 두루 공부했으며, 프로이트 이론에 깊은 영향을 받으면서도 기존 정신분석의 틀에 머무르지 않았다.

라캉은 인간의 언어 구조, 상징체계, 그리고 욕망의 역동성을 중심으로 독자적인 정신분석 이론을 발전시켰다. 1950~60년대 프랑스 지성계에서 그의 강의는 전설적이었다. 미셸 푸코, 자크 데리다, 루이 알튀세르 등 당대 대표 사상가들이 그의 세미나에 참석하며 영향을 받을 만큼 라캉의 사상은 철학, 문학, 언어학, 사회학 등 다양한 분야로 확장되었다.

라캉은 인간의 자아 형성이 단순한 심리적 발달의 산물이 아니라, 언어와 타자의 욕망 속에서 끊임없이 재구성되는 불완전한 결과물이라고 보았다. 그에게 '자아'란 애초에 통합되고 완전한 실체가 아니라, 언제나 분열적이고 불안정한 상태 속에서 유지되는 것이었다. 이처럼 라캉의 사상은 우리가 흔히 '나'라고 부르는 존재가 얼마나 많은 외부 요인, 특히 타인의 시선과 언어, 사회적 상징체계에 의해 만들어지고 있는지를 날카롭게 통찰한다. 그의 이론은 난해하고 복잡하다는 평가도 많지만, 바로 그만큼 인간 내면의 복잡성과 모순을 정확히 담고 있다.

라캉은 "나는 내가 생각하는 내가 아니다"라고 말하며, 우리가 믿는 자아의 정체성마저도 하나의 언어적 환상일 수 있음을 강조했다. 그의 이론은 이후 철학, 문학, 예술, 심리학에 이르기까지 수많은 분야에서 자아에 대한 새로운 질문을 던지는 기초가 되었다.

"인간의 욕망은 타인의 욕망이다."

　이 문장은 라캉의 가장 유명한 말 중 하나다. 이는 단순히 내가 원하는 것을 욕망하는 데 그치지 않고, 타인이 욕망하는 대상을 함께 욕망한다는 뜻이다. 라캉은 인간의 욕망이 본능적이고 자발적인 것처럼 보이지만, 실제로는 사회적 관계 속에서 형성된다고 보았다. 부모가 관심을 두는 것을 욕망하는 아이처럼, 우리는 늘 '타자가 무엇을 원하는지'에 민감하게 반응하며 살아간다. 이때 라캉이 말하는 '타자他者'는 단순한 개인을 넘어선다. 부모, 친구, 연인처럼 구체적인 타인일 수도 있지만, 사회적 규범, 문화적 가치, 언어체계까지 모두가 타자의 범주에 포함된다. 우리는 타자가 중요하다고 여기는 것, 타자가 인정하는 것을 욕망하게 된다. 그래서 때로는 내가 정말 원하는 것이 무엇인지조차 알지 못한 채, 끊임없이 새로운 욕망의 대상을 좇으며 살아간다.

　'서른'이라는 시점에서 느끼는 혼란도 여기에서 비롯된다. 지금의 목표가 정말 나의 욕망에서 출발한 것인지, 아니면 타인의 시선과 사회적 기대에 의해 만들어진 욕망에서 비롯된 것인지 구분하기 어렵다.

　라캉은 이러한 욕망의 구조를 인식하는 순간부터 비로소 '진정한 자아'에 다가갈 수 있는 첫걸음이 시작된다고 말한다. 내가 지금 욕망하고 있는 것의 근원을 묻는 일, 그것이 라캉이 말한 욕망의 구조를 이해하는 작업이다.

거울 속에서 시작되는 자아의 탄생

라캉의 자아 이론에서 가장 중요한 개념 중 하나가 바로 '거울 단계Mirror Stage'다. 그는 인간의 자아가 태어날 때부터 완전하고 고정된 형태로 주어지는 것이 아니라고 보았다. 오히려 자아란 '어떻게 나를 인식하고 규정하는가'라는 과정에서 점진적으로 만들어지는 것이라고 했다.

'거울 단계'는 생후 약 6개월에서 18개월 사이, 유아가 처음으로 거울 속 자신의 모습을 인식하는 시점을 의미한다. 그 이전까지 유아는 자신의 몸과 외부 세계를 명확히 구분하지 못한다. 배고픔, 통증, 안락함 같은 감각적 경험들은 단편적으로 흘러가고, 자신이 어디에서 끝나고 바깥 세계가 어디에서 시작되는지에 대한 인식도 없다.

유아의 세계는 마치 한 덩어리의 감각적 흐름처럼, 경계 없이 뒤섞여 있다. 그러나 어느 순간, 거울 앞에 선 유아는 낯설지만 분명한 하나의 형태를 마주하게 된다. 거울 속에 비친 '통일되고 완전해 보이는 이미지'를 바라보며, 아이는 처음으로 '저게 나구나'라는 자각하게 된다. 이때의 경험은 단순한 시각적 인식 이상이다. 아이는 거울 속의 존재가 자신임을 인지하면서도, 동시에 그 모습이 자신이 지금 여기에서 느끼는 존재감과는 어딘가 다르다는 것을 어렴풋이 느낀다.

라캉은 이 순간을 '자기 동일성의 첫 경험'이라고 보았다. 거울 속 이미지는 명확하고 완전하며, 통제된 형태로 존재하지만, 현실 속의 유아 자신은 아직 서툴고 미숙하다. 걸음마도 제대로 떼지 못하고, 자신의 몸을 능숙하게 조정하지도 못한다. 그럼에도 불구하고, 아이는 거울 속의 '완전한 나'를 동경하게 된다. 그리고 그 순간부터 자신이 그 이미지와 같아지기를 욕망하는 심리적 구조가 형성된다. 이것이 바로 라캉이 말한 '이상화된 자아 이미지의 내면화'다. 인간은 이때부터 '거울 속의 나'와 '현실의 나' 사이의 간극을 안고 살아가게 된다. 자아는 온전하고 통일된 형태로 존재하는 것처럼 보이지만, 사실은 늘 불안과 결핍, 모순 속에서 유지된다. 우리는 그 결핍을 채우기 위해 끊임없이 타인의 시선 속에서 자신을 확인하고, 사회적 성공, 인정, 외적 이미지를 통해 '완전한 나'에 가까워지려고 애쓰게 된다.

진정한 자아를 찾아가는 여정

라캉의 이론은 우리에게 불편한 진실을 직면하게 한다. 내가 믿어온 자아, 내가 지금 욕망하고 있는 것, 그리고 내가 되고자 애쓰는 모습조차 사실은 타인의 시선과 사회적 기대 속에서 형성된 것일 수 있다는 점이다. 우리는 거울 속에서 본 '이상화된 나'를 좇으며 살아왔고, 타인의 욕망을 내 욕망인 것처럼 착각하며 지금까지 달려왔다. 그 과정에서 내가 정말 원하는 것이 무엇인지, 내 삶의 방향이 어디를 향하는지조차 놓치기 쉽다.

이는 한국 사회의 행복 지표에서도 분명하게 드러난다.

국회미래연구원의 '2022년 한국인의 행복조사'에 따르면, 전반적인 행복감은 6.83점(2020년)에서 6.53점(2022년)으로 3년 연속 하락했다. 특히 눈에 띄는 부분은 '공동체 소속감'과 '좋아하는 일에 가용한 시간'과 같은 항목에서 만족도가 많이 감소했다는 점이다. 사람들은 여전히 열심히 살고, 누군가가 정해놓은 목표를 향해 달려가지만, 그 과정에서 내면의 만족과 정체성의 안정감은 점점 줄어들고 있다.

결국 중요한 것은 타인의 기대에 맞춘 욕망을 좇는 삶에서 벗어나, 내가 진정으로 원하는 것이 무엇인지, 내 욕망의 주인이 누구인지를 다시 묻는 일이다.

라캉의 말처럼, 진정한 자아에 가까워지는 길은 욕망의 구조를 깨닫고, 그 안에서 새로운 선택의 가능성을 찾으려는 용기에서 시작된다. 불안과 결핍, 끊임없는 욕망의 움직임을 부정할 필요는 없다. '자아'란 원래부터 완성된 것이 아니라, 늘 불완전하고 끊임없이 만들어져가는 과정에 있는 것이다.

서른의 우리는 이제 더 이상 무의식적으로 타인의 욕망에 휘둘리며 살 수 없다. 진정한 자아에 다가간다는 것은 욕망의 출처를 성찰하고, 그 속에서 새로운 선택을 할 수 있는 힘을 기르는 것이다. 완벽한 자아는 없을지라도, 욕망의 움직임을 자각하는 순간부터 우리는 조금 더 자유로운 존재가 될 수 있다.

2장

◆

무엇을 위해
이렇게 일하고 있는가

마키아벨리의
'권력의 본질'

:

성공의 기준을 다시 묻다

'서른의 삶'은 성공이라는 단어와 떼려야 뗄 수 없는 시기다. 더 높은 자리, 더 많은 연봉, 더 안정된 미래를 추구하며 우리는 성공이라는 목표를 향해 쉼 없이 달려간다. 하루하루가 경쟁이고, 성취를 위한 증명의 연속처럼 느껴진다. 사회는 끊임없이 우리에게 묻는다. '지금 어디까지 올라갔느냐'고, '무엇을 이뤘느냐'고, '어떤 타이틀과 지위를 가졌느냐'고 말이다. 하지만 문득 이런 궁금증이 들기도 한다.

'내가 추구하는 성공은 누구의 기준인가?'

어릴 적부터 우리는 부모의 기대, 학교의 평가, 사회적 성공 모델에 따라 '성공의 정의'를 자연스럽게 내면화하며 살아왔다. 좋은 대학, 안정된 직장, 높은 연봉, 번듯한 사회적 지위. 우리는 그것들이 당연한 성공의 지표라고 믿어 왔다. 그러나 그 기준이 정말 내 안에서 우러나온 것인지, 아니면 타인이 정해놓은 틀을 그대로 받아들인 것인지 우리는 좀처럼 돌아볼 기회가 없었다.

이 시점에서 마키아벨리Niccolò Machiavelli의 사유는 새로운 각성에 이르게 한다. 그는 『군주론Il Principe』에서 성공과 권력의 본질, 그리고 그에 도달하기 위한 수단의 문제를 누구보다 냉정하고 현실적으로 분석했다. 마키아벨리는 성공을 이상화하거나 미화하지 않았다. 그에게 있어 성공은 현실의 역학 관계 속에서 치열하게 쟁취해야 할 '결과'였다. 그리고 그 과정은 언제나 갈등과 모순, 전략과 계산, 심지어는 도덕적 딜레마로 가득 차 있었다. 그는 정치 생활과 정치적 판단의 복잡성과 유동성을 강조하며, '절대적으로 옳은 방식'이나 '보편적인 성공의 규칙'은 존재하지 않는다고 보았다.

마키아벨리에 따르면 군주는 때로는 강력하고 단호한 사자처럼, 때로는 교활하고 교묘한 여우처럼 상황에 따라 다른 전략을 구사해야 한다. 정해진 성공 공식에 갇히지 않고, 매 순간 변화하는 현실을 냉철하게 분석하고, 그에 맞는 해법을 스스로 설계해야 한다는 것이다.

　이 통찰은 오늘날의 커리어와 성공 추구 방식에도 그대로 적용
된다. 우리는 종종 '누구나 따라야 하는 성공 루트' '이 나이에 이 정
도는 해야 한다'라는 사회적 스크립트에 갇혀 살아간다. 정해진 코
스처럼 여겨지는 인생의 순서표가 있다. '20대엔 좋은 학벌, 30대엔
대기업과 같은 안정된 직장, 40대엔 관리직, 50대엔 경제적 여유'
같은 사회적 기대가 보이지 않는 규범처럼 작동한다. 이 과정에서
우리는 어느 순간부터 '내가 진짜 원하는 삶이 무엇인지' 고민하기
보다 '다들 이렇게 하니까 나도 이렇게 해야 한다'라는 생각으로 무
의식적으로 움직이게 된다. 누군가는 원하지 않는 직무에서 안정성
때문에 버티고, 누군가는 적성에 맞지 않는 일을 '커리어 공백'을 피
하기 위해 억지로 이어가기도 한다. 때로는 나의 기준이 아니라 연
봉 테이블, 직급 타이틀, 링크드인 프로필의 스펙 같은 외부 지표만
을 성공의 기준으로 삼는다.

　'성공'이라는 이름으로 무조건 다수를 따라가거나, 시대가 요구하
는 이상적인 경로를 비판 없이 좇기보다는, 지금의 내 상황과 자원
을 냉철하게 분석하고, 그 안에서 나만의 전략을 세워야 한다. 누군
가에게는 빠른 승진이 성공일 수 있지만, 다른 누군가에게는 일과
삶의 밸런스를 유지하는 것이 성공일 수 있다. 누군가는 대기업 타

이틀을 원할 수 있지만, 다른 누군가는 소규모 스타트업에서의 자율성과 창의성을 더 중요하게 여길 수 있다. 어떤 이는 안정된 길을 선택해야 할 현실적 이유가 있고, 또 어떤 이는 불확실성을 감수하면서도 더 나은 성장 기회를 향해 모험을 걸어야 하는 시점일 수 있다. 중요한 것은 '사회가 말하는 성공 공식'이 아니라, 지금의 내 상황, 내 가치, 내 우선순위에 맞는 현실적이고 주체적인 선택을 해나가는 것이다.

사자처럼 단호하게, 여우처럼 유연하게

마키아벨리는 『군주론』에서 "군주는 여우의 교활함과 사자의 힘을 모두 갖추어야 한다"라고 말했다. 이는 단순히 권력을 유지하기 위한 조언이 아니다. 끊임없이 변화하고 예측 불가능한 현실 속에서 살아남기 위한 생존 전략이다. 그리고 이 전략은 현시대를 살아가는 우리에게도 여전히 유효하다. 현대의 커리어 환경은 그 어느 때보다 빠르게 변하고 있다. 산업 구조가 바뀌고, 기술이 급속히 진화하며, 시장의 룰도 끊임없이 재편된다. 정년이 사라지고, 업무의 안정성은 더 이상 보장되지 않으며, 대기업조차 대규모 구조조정을 단행하는 시대다. 이런 상황에서 '좋은 사람' '성실한 사람'이라는 이미지에만 의존한 태도로는 더 이상 생존할 수 없다. 그렇다고 기회주의적이고 비윤리적인 방식으로 살아가야 한다는 뜻도 아니다.

　마키아벨리가 강조한 것은 '현실 감각'과 '상황 대응력'이다. 사자처럼 단호해야 할 때가 있다. 부당한 대우를 받거나, 명백히 나의 가치가 무시당할 때, 그리고 중요한 기회를 앞두고 결단을 내려야 할 때다. 이때는 과감하게 "No"라고 말할 줄 아는 용기, 불필요한 감정 소모 없이 협상에서 나의 권리를 주장하는 힘이 필요하다. 예를 들어, 직장 내에서 과도한 업무가 지속되는데도 침묵하거나, 승진 기회가 반복적으로 배제되는데도 참고만 있다면, 사자의 힘을 써야 할 순간을 놓치고 있는 것이다.

　반면, 여우처럼 유연해야 할 때도 있다. 조직의 변화가 예상될 때, 사내 정치 구도가 바뀔 때, 혹은 외부 기회가 열릴 가능성이 보일 때다. 이때는 겉으로는 중립을 유지하면서도 정보를 수집하고, 유리한 타이밍에 나의 위치를 재조정하는 전략적 유연성이 필요하다. 상대방의 속내를 읽어내고, 변화의 조짐을 감지하며, 때로는 침묵을 선택할 줄 아는 능력, 이것이 여우의 교활함이다.

　앞으로의 현실은, 감정적인 충동도, 지나친 이상주의도 허락하지 않는다. 중요한 것은 상황에 따라 언제 사자가 되어야 하고, 언제

여우가 되어야 하는지 스스로 판단하는 능력이다. 회사의 구조조정 소문이 돌 때, 불안감에 휩쓸려 섣불리 행동하기보다는, 먼저 정보를 모으고 조용히 대안을 준비하는 것이 여우의 태도다. 반대로, 결정적인 순간 승진 협상이나 이직 제안 앞에서는 주저 없이 내 가치를 명확하게 요구하는 것이 사자의 전략이다. 마키아벨리의 조언은 지금도 여전히 유효하다.

"지혜롭게 간파하고, 필요할 때 단호하게 행동하라."

지금 당신 앞에 놓인 커리어의 판도, 그 냉혹한 현실을 있는 그대로 읽고, 그 속에서 가장 현실적인 선택과 가장 유연한 전략을 설계해야 한다. '성공'은 그렇게 만들어지는 것이다.

내가 추구하는 성공은 무엇인가?

세상은 늘 우리에게 '정답 같은 성공 공식'을 강요한다. 하지만 현실은 그렇게 단순하지 않다. 상황은 끊임없이 변하고, 경쟁 구도도 예측 불가능하게 흘러간다. 한때 통했던 방식이 오늘은 독이 되기도 하고, 어제의 패배가 내일의 기회로 바뀌기도 한다. 대표적인 사례가 '블록버스터'와 '넷플릭스'의 이야기다.

한때 '블록버스터'는 2000년대 초반까지 전 세계에 9,000개 이상의 매장을 운영하며 미국 비디오 대여 시장을 독점하던 '성공의 아이콘'이었다. 그들은 '매장 확장' '오프라인 지점 수 증가'라는 성공 공식만 믿고 따라갔다. 하지만 '디지털 스트리밍'이라는 변화의 흐름 앞에서 끝내 방향 전환을 하지 못했다. 자신들이 쌓아 온 성공의 공식을 고집하다 결국 파산에 이르렀다.

반면 '넷플릭스'는 초기에 DVD 대여 서비스로 출발했지만, 변화의 조짐을 읽어내고 과감히 스트리밍 중심으로 사업 모델을 전환했다. 누군가에겐 위험한 도박처럼 보였지만, 그 선택을 통해 새로운 시장의 리더가 되었다. 2024년 4분기 기준, 넷플릭스는 전 세계 3억명 이상의 유료 가입자를 보유하며 글로벌 스트리밍 시장 1위를 지키고 있다.

이제 중요한 건, 나만의 현실 감각과 선택 기준을 갖는 일이다. 내가 처한 현재의 환경, 내가 가진 자원, 내가 소중하게 여기는 가치. 그 모든 요소를 냉정하게 분석하고, 그 위에 '지금 이 순간, 나에게 가장 적합한 전략'을 세워야 한다.

마르크스의
'노동의 가치'

무엇을 위해 일하는가

아침에 눈을 뜨고 가장 먼저 드는 생각이 '일을 하지 않고 살 수는 없을까?'라면, 우리는 마르크스의 질문을 떠올려야 할지도 모른다.

"노동은 무엇이며, 우리는 왜 일을 하는가?"

서른이 되면 직업이 단순한 생계 수단이 아니라, 삶에서 상당한 부분을 차지하는 중요한 요소로 다가온다. 하지만 동시에 '내가 하는 일이 나에게 어떤 의미가 있는가?'라는 질문의 중요도도 점점 더 커진다.

우리는 단순히 돈을 벌기 위해 일하는 것일까? 과연 노동 자체가 우리 삶에서 더 깊은 가치를 가질 수 있을까?

카를 마르크스^{Karl Marx}는 1818년 독일 트리어에서 태어나 1883년 런던에서 생을 마감한 정치·경제학자이자 철학자였다. 그는 자본주의 사회의 구조를 들여다보고, 그 속에서 인간이 어떻게 소외되고 착취당하는지를 연구했다. 본래 법학과 철학을 공부하며 청년 헤겔주의의 영향을 받았던 마르크스는 이후 프리드리히 엥겔스 Friedrich Engels와의 만남을 계기로 사회경제학과 역사적 유물론에 대한 이론을 체계화해 나갔다.

그의 대표 저작인 『경제학·철학 초고』 『독일 이데올로기』 그리고 『자본론』은 모두 자본주의 체제 아래에서 노동자가 겪는 소외와 불평등에 대한 깊은 분석을 담고 있다.

『경제학·철학 초고Ökonomisch-philosophische Manuskripte aus dem Jahre 1844』에서 마르크스는 '노동의 소외'라는 개념을 제시했다. 그는 인간의 본질적 활동이어야 할 노동이 자본주의 사회에서는 어떻게 인간성 상실과 심리적 고통의 원인이 되는지를 설명했다. 노동자는 자신이 만들어낸 생산물과 아무런 관계를 맺지 못하고, 그 결과물은 자본가의 소유가 된다. 노동 과정에 대한 통제권도 사라진다. 노동자는 기계의 부속품처럼 움직이며 창조적 자율성을 잃는다. 동료들과의 관계도 경쟁과 고립으로 변질되며, 결국 자기 자신과의 관계마저 단절된다. 노동은 더 이상 자기실현의 과정이 아니라 생존을 위한 강제적 행위로 전락한다.

마르크스는 이러한 소외의 원인을 노동력 그 자체가 시장에서 사고 팔리는 상품이 된 자본주의의 구조적 문제로 보았다. 그는 이 시스템이 인간을 비인격적이고 비인간적인 존재로 만들고, 인간의 존엄성과 창조성을 박탈한다고 비판했다. 그러나 동시에 마르크스는 노동이 인간 존재의 본질적 활동임을 강조했다. 그는 노동이 단순한 생계 수단이 아니라, 인간이 세상과 관계 맺고, 자신을 표현하며, 내면의 가능성을 실현하는 중요한 과정이라고 보았다. 그가 꿈꾼 사회는 인간이 노동을 통해 자율성과 창조성을 회복하고, 자신이 만든 세계 속에서 인간다움을 되찾을 수 있는 공간이었다. 이러한 마르크스의 철학은 오늘날에도 유효하다.

현대 사회의 많은 사람이 여전히 '왜 일하는가?' '이 일이 내 삶에 어떤 의미를 주는가?' '노동 속에서 나는 누구인가?'라는 질문 앞에 선다. 특히 '서른'이라는 인생의 구간에 이르면, 노동이 단순한 생계를 넘어 삶의 의미와 가치를 묻는 중요한 화두로 떠오른다. 내가 이 일을 통해 어떤 사람이 되고 싶은지, 내 노동이 내 삶의 어떤 부분을 채우고 있는지, 나의 성장, 그리고 행복과 어떻게 연결되는지 돌아보게 된다. 마르크스의 철학은 그 질문의 출발점이 되어, 우리가 더 깊고 주체적인 노동의 의미를 찾아가도록 돕는다.

⁝
노동은 자기실현이 될 수 있는가?

마르크스는 인간이 본래 노동을 통해 자신의 가능성과 잠재력을 실현할 수 있다고 보았다. 그는 자본주의 체제에서 노동이 소외된다고 비판했지만, 동시에 노동이 삶에서 중요한 의미와 가치를 지닐 수 있다는 점도 분명히 했다.

그렇다면 현대 사회에서 노동은 단순한 생계유지 수단을 넘어, 진정한 자기실현의 과정이 될 수 있을까? 이 질문에 대답하기 위해 우리는 '일의 교육학'이라는 개념을 살펴봐야 한다.

'일의 교육학'이란 단순히 직무 능력을 향상하는 차원의 교육을 넘어, '일을 통해 인간은 어떻게 성장하고 변화하며, 어떤 성숙의 과정을 거치는가?'를 탐구하는 분야다. 즉, 일터는 기술 습득의 공간만이 아니라, 삶의 태도, 가치관, 문제 해결력, 대인관계 역량 등 인간의 핵심 역량을 형성하는 교육의 장이라는 것이다. 우리는 매일의 노동 속에서 새로운 기술을 배우고, 낯선 사람들과 협업하며, 갈등을 해결하고, 스트레스를 관리하는 방법을 체득한다. 프로젝트의 성공과 실패를 겪으며 회복탄력성을 기르고, 목표를 향해 나아가는 과정에서 자기 조절 능력과 인내력을 키운다. 이것은 단순히 '일의 결과물' 이상의 의미를 지닌다. 바로 '일을 통한 인간적 성장'이다.

'일의 교육학'은 노동자가 단순히 외부의 지시를 따르는 수동적 존재가 아니라, 일과 조직 속에서 스스로 의미를 재구성하고, 능동적으로 배움의 기회를 창출하는 주체임을 강조한다. 나의 업무가 주는 피드백을 통해 자기효능감을 경험하고, 작은 성취가 쌓여 자존감과 정체성 형성에 영향을 준다. 물론 현실은 녹록지 않다. 반복되는 업무, 비합리적인 시스템, 과도한 경쟁과 스트레스는 노동이 오히려 자기 소모의 과정으로 전락하게 만들기도 한다. 그렇기 때문에 '일을 어떻게 해석하고 경험할 것인가'는 매우 중요한 사안이된다. 단순히 시키는 일을 반복하는 것이 아니라, 지금의 일 안에서 나의 의미와 가치를 찾으려는 노력이 필요하다.

마르크스는 다음과 같이 말했다.

"인간은 외적 자연에 작용을 가하면서 자연과 자기 자신을 동시에 변화시킨다. 그렇게 함으로써 자신의 의식적 목적을 실현하고, 그것을 자신의 욕구에 적응시킨다. 동시에 인간 자신이 가지고 있는 능력을 높이고, 생활 상태를 더욱 개선하여, 스스로를 변화시켜 간다."

마르크스에 따르면, 노동은 단순히 외부 세계의 사물을 가공하고 변형시키는 물리적 행위에 그치지 않는다. 인간은 노동을 통해 자연환경을 변화시키는 동시에, 그 과정에서 자신의 능력과 의식, 정체성을 형성하고 변화시킨다. 즉, 노동은 '대상 세계에 대한 변형'과 '자기 세계에 대한 변형'을 동시에 일으키는 이중적 과정이다. 예를 들어, 농부가 씨앗을 심고 농작물을 수확하는 과정에서 그는 단순히 자연환경을 변화시키는 것이 아니다. 그 과정에서 자연의 순환을 이해하고, 인내심과 책임감을 배우며, 자기 능력에 대한 신뢰와 성취감을 쌓는다. 디자이너가 제품을 설계하거나, 작가가 글을 쓰는 과정에서도 마찬가지다. 우리는 작업 과정에서 창의성을 발휘하고 문제를 해결하며, 기술과 감정적 역량을 함께 성장시킨다.

마르크스의 관점과 '일의 교육학'의 시사점을 연결해 본다면, 지금 내가 하는 노동이 곧 나의 삶을 만들어가는 과정임을 알 수 있다. 비록 지금의 일이 내 이상과 완전히 일치하지 않더라도, 그 안에서 성장의 계기와 배움의 순간을 만들어낼 수 있다면, 노동은 단순한 생존 수단을 넘어 자기실현의 한 형태가 될 수 있다.

일하는 이유는 무엇인가?

우리는 종종 '좋은 직장' '높은 연봉'을 목표로 삼지만, 시간이 지나면서 그것만으로는 만족할 수 없다는 것을 깨닫는다. 실제로 프린스턴대학교의 심리학자 대니얼 카너먼Daniel Kahneman과 경제학자 앵거스 디턴Angus Stewart Deaton의 2010년 연구에 따르면, 연 소득이 약 7만 5천 달러(당시 기준 원화 약 1억 원)를 초과하면 소득 증가가 주관적 행복감에 더 이상 유의미한 영향을 주지 않는다고 한다. 연구진은 기본적인 생계와 일상적 스트레스 해소에 필요한 수준의 소득이 충족되면, 그 이후부터는 소득의 증가가 삶의 만족이나 감정적 행복을 본질적으로 끌어올리지 않는다고 지적했다. 이는 우리가 흔히 생각하는 '소득과 행복은 비례한다'라는 등식이 일정 지점 이후부터는 더 이상 성립하지 않는다는 사실을 보여준다. 소득이 일정 수준을 넘어서면 사람들은 물질적 풍요보다 오히려 일의 의미, 인간관계, 건강, 여가와 같은 비금전적 요소들에 더 큰 행복을 느낀다.

마르크스가 말한 '노동의 본질'은 단순히 소득을 얻기 위한 수단을 넘어선다. 그는 인간이 일을 통해 자신의 능력을 발휘하고 세상과 관계를 맺으며, 자신의 존재를 실현한다고 보았다. 다시 말해, 노동은 우리 삶의 외부적 조건을 바꾸는 도구이기도 하지만, 동시에 우리의 내면과 자아를 변화시키는 과정이기도 하다. 경제적 안정이 어느 정도 확보된 이후부터는 '일 자체에서 얻는 만족감' '동료와의 관계' '업무를 통해 느끼는 성취감'과 같은 비물질적 요소들이 오히려 삶의 만족도를 결정짓는 주요 변수가 된다.

마르크스가 말했듯, 노동은 인간의 본질적 활동이다. 그렇다면 우리는 '얼마를 버느냐?' 이전에 '어떤 마음으로 일하고 있느냐?'를 더 자주 자문해야 한다. 그 질문 속에서 우리는 노동의 진정한 가치와 행복의 단서를 찾을 수 있다.

'서른'이라는 시점에서, 우리는 일과 삶의 균형뿐만 아니라, 내가 하는 일이 내 삶에서 어떤 의미가 있는지를 고민해야 한다. 마르크스의 철학은 우리가 노동을 단순한 의무가 아닌, 나 자신을 실현하는 도구로 바라볼 수 있도록 도와준다.

니체의
'삶의 의지'

번아웃을 불태워라

"나는 무엇을 위해 이토록 바쁘게 살고 있는가?"

많은 사람이 번아웃을 경험한다. 주어진 목표를 향해 쉼 없이 달려 왔지만, 어느 순간 몸과 마음이 동시에 무너져 버린다. 일에 대한 열정도, 성취에 대한 기대도 서서히 사라지고, 남는 것은 무기력과 만성 피로뿐이다. 그럼에도 우리는 멈추는 법을 배우지 못했다. 멈추면 실패한 것처럼 느껴지고, 계속 달려야만 가치 있는 삶을 살고 있다고 믿는다. '열심히 하면 언젠가는 보상받겠지' '지금 참으면 나중에 편해지겠지'라는 막연한 믿음 아래, 몸과 마음의 경고 신호를 무시한 채 하루하루를 버텨낸다.

실제 2023년 국내 직장인 대상 설문 조사에 따르면, 전체 직장인 중 73.2%가 번아웃 증상을 경험했다고 답했다. 특히 30대 직장인은 75.3%로 가장 높게 나타났다. 이들은 주로 '지속적인 피로감' '업무에 대한 흥미 상실' '무기력감' '자신감 저하' '정서적 공허' 등을 주요 증상으로 호소했다. 또한 같은 조사에서 직장인 열 명 중 일곱 명 이상이 "업무로 인해 정서적으로 메말라 가는 것을 느낀다"고 답했다. 이처럼 번아웃은 더 이상 특정 직업군이나 일시적 스트레스를 겪는 일부 사람들만의 문제가 아니다. 지금 이 순간에도 수많은 사람이 '견뎌야 한다'는 강박 속에서 소진되고 있다.

프리드리히 니체Friedrich Nietzsche는 현대인의 번아웃 현상을 단순한 신체적 피로나 스트레스의 결과로 보지 않았다. 그가 말하는 인간의 본질은 '단순히 주어진 환경에 적응하며 살아가는 존재'가 아니라, '자신만의 삶의 의미와 가치를 창조하는 존재'였다. 그가 주장한 '권력에의 의지Wille zur Macht'는 문자 그대로의 '권력 의지'라기보다, '생명력과 창조성을 발휘하려는 근원적 에너지' '자기 존재의 확장과 성장에 대한 근본적 욕망'을 의미한다.

니체에 따르면 인간의 에너지는 단순히 '버티기 위한 힘'이 아니라, '내가 왜 이 일을 하는가?'를 자각하고 스스로 그 의미를 재구성하는 힘에서 나온다. 하지만 현대 사회의 많은 사람이 이를 놓치고 살아간다. 니체는 이런 상태를 '주체 없는 삶', 혹은 '반복되는 노예 도덕slave morality(타인의 기준과 사회적 규범에 자신을 맞추며, 자신의 가치와 주체성을 포기한 도덕 체계)에 매인 존재 방식'이라 지적했다. 자신의 가치를 스스로 만들지 않는 삶은 결국 필연적으로 내적 고갈과 삶에 대한 환멸을 초래한다고 보았다. 즉, 번아웃의 본질은 피로가 아니라 '의미 상실'의 문제라는 것이다.

"지금 이 인생을 다시 한번 완전히 똑같이 살아도 좋다는 마음으로 살라."

니체의 말은 단순한 낙관주의가 아니다. 니체는 순간의 선택과 삶의 태도가, 마치 수천 번 반복될 운명인 것처럼 살아야 한다고 말했다. '매일의 행동 하나, 결정 하나가 단순한 소모적 반복이 아니라, 내가 진심으로 받아들일 수 있는 삶의 일부가 되어야 한다'라는 경고였다.

"만약 지금의 삶이 끝없이 반복된다면, 나는 정말 같은 선택을 할 수 있는가?"

이 질문은 번아웃 상태에 빠진 현대인들에게 강력한 자각을 요구한다. 단순히 해야 하니까, 남들이 하니까, 실패가 두려우니까…. 그렇게 살아온 선택들이 정말 '내가 다시 살아도 좋을 만큼 의미 있는 선택이었는지' 스스로 점검해야 한다는 것이다. 바로 이 순간부터, 삶은 외부의 강요가 아니라 나의 의지로 다시 쓰이기 시작한다. 내가 선택한 길에 대해 책임질 수 있을 만큼 진정성 있게 살아가는 것. 그것이 니체가 말한 '다시 살아도 좋은 삶', 그리고 번아웃을 넘어서는 궁극적인 삶의 방식이다.

삶의 의지를 회복하는 법

니체는 인간이 삶을 지속하려면 단순한 생존을 넘어, 자신만의 목표와 의미를 발견해야 한다고 말했다. 그는 이를 '초인Übermensch, 위버멘쉬'이라는 개념으로 설명했다.

초인은 기존의 사회적 가치나 관습에 얽매이지 않고, 자신만의 길을 개척하는 존재다. 니체가 말한 초인, 즉 위버멘쉬는 단순히 힘이 센 인간, 혹은 기존 인간보다 더 뛰어난 능력을 갖춘 존재를 의미하지 않는다. 그것은 무엇보다 자기 삶의 기준과 가치를 스스로 창조하는 인간, 기존의 도덕적·사회적 규범을 넘어서는 인간을 뜻한다.

우리는 살아가면서 수많은 규범과 기준에 둘러싸인다. 어릴 때부터 '옳은 것'과 '그른 것'을 배우고, 학교·가정·사회가 요구하는 기준에 맞춰 살아가는 법을 익힌다. 좋은 성적, 안정된 직장, 타인의 인정 같은 외부의 기준들이 인생의 성공과 실패를 가늠하는 잣대가 되어버린다. 니체가 말하는 위버멘쉬는 이런 기존의 가치 체계에 맹목적으로 순응하지 않는다. 그는 주어진 도덕과 사회적 규범을 비판 없이 따르기보다, 자신만의 삶의 기준을 끊임없이 질문하고 새롭게 만들어내는 존재다. 이 과정은 고통스럽고 불안할 수 있다. 기존의 안정된 질서에서 벗어나야 하고, 때로는 고독과 싸워야 하며, 실패의 위험을 감수해야 한다. 하지만 니체는 바로 그 '넘어서려는 의지' 속에 인간 존재의 위대함이 있다고 보았다.

번아웃에 빠진 우리에게 위버멘쉬의 메시지가 중요한 이유도 바로 여기에 있다. 타인이 만든 목표, 사회가 강요한 성공 공식에 매몰될수록 우리는 점점 더 지치고, 삶의 에너지를 잃어간다. 하지만 니체는 말한다.

"지금 여기서, 너만의 기준을 다시 써라. 기존의 가치가 너를 지치게 한다면, 새로운 가치를 창조하라."

결국 번아웃에서 벗어나는 길은 '내가 왜 이 일을 하는가?' '나는 무엇을 위해 살고 있는가?'를 다시 묻고, 타인의 기준이 아닌 나만의 기준으로 삶의 방향을 재설계하는 것에서 시작된다. 초인은 멀리 있는 이상향이 아니라, 지금의 나에게 요구되는 내적 전환의 이름이다.

나만의 불꽃을 되찾다

번아웃에서 벗어나는 길은 단순한 휴식이나 업무량 조정만으로는 해결되지 않는다. 진짜 변화는 '내가 왜 이 삶을 선택했는가?' '나는 무엇을 위해 에너지를 쓰고 있는가?'라는 근본적인 질문에서 출발한다. 니체가 말한 삶의 의지는 단순히 버티는 힘이 아니다. 그것은 내 삶을 책임지는 힘이며, 내 존재의 방향을 직접 그려 나가는 창조적 에너지다.

지금까지 우리는 '해야 하니까' '남들이 다 그렇게 하니까' '안 하면 뒤처질까 봐'라는 이유로 움직여 왔다. 그렇게 달려 온 결과가 현재에 이른 번아웃이라면, 이제는 멈춰야 한다. 사회가 정한 성공 공식을 무조건 따르기보다, 지금의 내 상황과 가치에 맞는 새로운 목표를 스스로 설정하는 것, 이것이 바로 니체가 말한 '다시 살아도 좋은 삶', 그리고 '초인으로서의 선택'이다.

내가 하는 일이 완벽하지 않더라도, 지금의 과정에서 의미를 찾고 있다면 그것은 충분히 가치 있는 여정이다. 내 에너지를 어디에 쓸지를 결정하는 것은 오롯이 나의 몫이다. 타인의 기준이 아닌 나의 기준으로, 타인의 박수가 아닌 나의 확신으로, 타인의 성공 공식이 아닌 나만의 서사로, 다시 나의 불꽃을 되찾아야 할 시간이다.

살아야 할 이유를 가진 사람은 어떤 고난도 견딜 수 있다. 지금 그 이유를 찾는 것. 그것이 번아웃에서 벗어나는 첫걸음이다.

막스 베버의
'프로테스탄트 윤리'

⋮
일의 의미를 찾다

사회학자 막스 베버Max Weber는『프로테스탄트 윤리와 자본주의 정신』에서 우리가 오늘날 알고 있는 '열심히 일하는 것'이 단순한 경제적 필요를 넘어, 하나의 가치관이 되었다고 설명했다. 그의 연구는 우리가 노동을 대하는 태도와, 그 속에서 의미를 찾는 방식에 대해 다시 생각해 볼 기회를 제공한다.

막스 베버는 그의 대표 저작인『프로테스탄트 윤리와 자본주의 정신Die protestantische Ethik und der 'Geist' des Kapitalismus』에서 오늘날 우리가 당연하게 받아들이는 '열심히 일하는' 가치관이 단순한 경제적 필요에서 나온 것이 아니라고 설명했다. 그는 현대 자본주의 정신의 뿌리를 16세기 서구 유럽의 종교개혁 시기, 특히 칼뱅주의의 금욕적 윤리에서 찾았다. 당시 칼뱅주의자들은 '인간의 구원은 예정되어 있다'는 교리, 즉, '예정설Predestination'을 신념으로 믿고 살았다. '예정설'에 따르면 인간의 구원 여부는 태어나기 전부터 이미 신에 의해 결정되어 있으며, 인간의 행위로 그것을 바꿀 수 없다. 이것은 신앙인들에게 극심한 심리적 불안을 안겼다. "나는 구원받은 자일까? 아니면 버림받은 자일까?" 이 질문에 대한 확신을 가질 방법이 없었기 때문이다. 이 불안감은 독특한 심리적 반응을 낳았다. 사람들은 구원받은 자만이 보일 수 있는 '징후'를 자신의 삶에서 증명하고자 했다. 그 결과 나타난 것이 바로 금욕적이고 성실한 노동, 그리고 물질적 성공이었다. 재산 증식과 직업적 성공은 단순히 경제적 이득의 문제가 아니라, '자신이 구원받은 자'임을 확인할 수 있는 유일한 세속적 증거처럼 여겨졌다.

베버는 이러한 칼뱅주의적 가치관이 근대 자본주의의 윤리적 기반이 되었다고 분석했다. 근면, 절제, 성실성, 시간 낭비에 대한 죄책감, 사치에 대한 경계심, 합리적 계획과 자산 축적…. 이 모든 태도는 그때부터 서구 사회의 깊은 생활 규범으로 자리 잡았다. 그리고 시간이 흐르면서 이러한 종교적 동기는 점차 세속화되었고, 오늘날에는 '성공하려면 열심히 일해야 한다' '아침형 인간이 돼라' '자기 계발에 힘쓰라'라는 식의 현대적 노동 윤리로 남게 되었다.

하지만 이러한 변화에 긍정적인 측면만 있는 것은 아니었다. 베버는 현대 자본주의 사회가 결국 인간을 '철의 감옥iron cage' 속에 가두게 될 것이라고 예견했다. 노동은 더 이상 자신의 소명이나 자아실현의 과정이 아니라, 생존을 위한 의무로 변질될 위험이 있었다.

인간은 점차 노동에 의해 규율되고, 효율성과 생산성이라는 이름 아래 끊임없이 자기 자신을 소진하게 된다. 베버의 연구는 우리가 현재의 노동 방식을 비판적으로 성찰하고, '일의 의미'를 다시 찾아야 한다는 점을 분명하게 일깨운다.

일이 단순한 생계 수단이 되지 않으려면

오늘날 우리는 일을 하지 않으면 뒤처질 것 같은 불안감에 시달리기도 한다. 하지만 베버의 연구를 다시 읽어보면, 우리가 해야 할 것은 단순히 '열심히 일하는 것'이 아니라, '일을 어떻게 받아들이고, 그것을 어떻게 의미 있는 것으로 만들 것인가에 대한 고민'임을 깨닫게 된다.

막스 베버가 경고했던 '철의 감옥'은 현대인이 노동과 성과 중심의 사회 규범 속에서 점차 자유를 잃고, 자신의 삶을 통제할 능력을 상실하게 되는 상태를 상징한다.

베버가 이 표현을 사용한 이유는, 근대 자본주의 사회가 효율성과 규율, 조직화된 노동 체계에 의해 지나치게 구조화되면서 인간의 내적 자율성과 창조성이 점점 억압당하고 있다는 사실을 비판하기 위함이었다.

철의 감옥 안에서 사람들은 '왜 일하는가'에 대한 성찰 없이, 마치 톱니바퀴처럼 매일 똑같은 패턴 속에서 자동으로 움직이게 된다. 이러한 현실을 벗어나기 위해서는 무엇보다 '일과 삶의 균형Work-Life Balance'에 대한 자각이 필요하다. 일은 물론 삶의 중요한 부분이지만, 그것이 전부가 되어서는 안 된다. 우리는 일을 통해 경제적 안정과 사회적 지위를 얻지만, 그 외의 시간 속에서 자아를 돌보고 내면의 균형을 되찾는 과정도 필수적이다. 그렇지 않으면 아무리 일을 잘하고 성과를 내더라도 심리적 공허감과 정서적 소진은 점차 누적된다.

2023년 OECD 통계에 따르면, 한국의 연간 평균 근로 시간은 약 1,900시간으로, OECD 평균인 약 1,700시간을 상회한다. 이는 한국 근로자들이 여전히 장시간 근로에 시달리고 있음을 보여준다. 노동 외의 시간은 단순한 '휴식' 이상의 의미가 있다. 우리는 그 시간을 통해 나의 정체성을 확장하고, 자율적으로 삶의 방향을 다시 설정할 수 있다. 독서, 운동, 여행, 친구와의 만남, 가족과의 시간, 혹은 혼자만의 사색과 창작 활동…. 이런 것들은 단순한 여가가 아니라 '삶의 회복탄력성'을 키우는 중요한 자원이다. 업무로 인해 받은 스트레스를 해소하고, 심리적 에너지를 충전하며, 다시 삶의 의미를 재구성하는 시간인 것이다.

또한 주어진 업무를 단순히 '지시된 일'로 받아들이기보다 그 속에서 나만의 목표와 의미를 발견하려는 능동적 태도도 필요하다. 예를 들어 반복적인 업무라도 그 안에서 새로운 효율성을 찾거나, 동료들과의 협업 방식을 개선하거나, 작은 성과에 의미를 부여할 수 있다. 일이 내 적성이나 장기 목표와 완전히 일치하지 않더라도, 그 속에서 나의 강점과 약점을 발견하고, 향후 커리어에 필요한 역량을 키울 기회로 삼을 수 있다. 이런 능동적 태도는 결국 '자기 효능감self-efficacy'과도 연결된다. '나'라는 존재를 외부 지시에 따라 수동적으로 업무를 수행하는 자가 아니라, 주어진 맥락 속에서 성장하고 변화할 수 있는 능력을 갖춘 사람임을 스스로 인식하게 되는 것이다. 그렇게 작은 배움과 성장을 반복하다 보면, 비록 지금의 일이 궁극적인 꿈과는 다를지라도 그 과정 자체가 내 인생에서 값진 경험이 된다.

베버의 경고처럼 우리는 어느새 '성과와 효율성의 철의 감옥'에 갇혀 있는지 모른다. 그럼에도 지금 당장 내가 할 수 있는 선택은 있다. 매일의 노동 속에서도 잠시 멈춰 '이 경험을 통해 나는 무엇을 배우고 있는가?'라는 질문을 던지는 것. 그리고 그 답을 찾아가는 과정에서 비로소 우리는 일에 휘둘리지 않고, 일과 삶을 균형 있게 통제할 수 있는 주체로 성장할 수 있다.

일과 나의 삶을 다시 연결하기 위해

우리는 매일 아침 알람 소리에 눈을 뜨고, 출근길 지하철에서 비슷한 표정의 사람들과 함께 이동하며, 하루 대부분을 노동과 성과 목표 속에서 보낸다. 하지만 정작 이 시스템이 어떻게 형성되었고, 왜 우리가 이런 삶의 방식에 적응하게 되었는지 깊이 생각해 본 적은 없다.

베버의 통찰은 여기서 시작된다. 그는 17세기 영국에서 시작된 산업혁명이 어떻게 유럽과 미국을 거쳐 전 세계로 확산되었는지를 분석했다. 그리고 그 중심에 있던 것은 '자본주의'라는 새로운 경제 체제, 그리고 그 시스템을 떠받친 '새로운 인간 유형'이었다. 근대 자본주의는 이전의 인간과는 전혀 다른 새로운 삶의 규범과 가치를 만들어냈다. 그 결과, 인류는 한편으로는 풍요롭고 효율적인 물질문명을 얻었지만, 동시에 인간성의 상실, 정서적 소외, 극심한 경쟁과 빈부 격차라는 부작용도 함께 떠안게 되었다. 이러한 거대한 변화 앞에서 독일의 철학자 빌헬름 딜타이Wilhelm Dilthey는 이렇게 질문했다.

> "우리를 집어삼키기 위해 몰려오는 저 정신적인 혼돈을 극복하기 위한 수단을 우리는 도대체 어디에서 발견해야 하는 것인가?"

일은 더 이상 조건 없는 의무가 아니라, 나의 가치관과 삶의 방향성을 담아내야 할 공간이다. '성과 중심의 철의 감옥'에서 무조건 열심히만 사는 사람이 아니라, 나만의 노동 철학을 가진 사람으로 성장해야 한다.

때로는 잠시 멈추어도 좋다. 때로는 내가 왜 이 일을 하는지 깊이 묻고 답할 시간도 필요하다. 우리는 더 이상 자본주의의 수동적 소비자가 아니라, 그 안에서 주체적으로 일의 의미를 재구성할 수 있는 존재다.

톨스토이의
『사람은 무엇으로 사는가』

⋮

야망과 욕망의 균형

"사람은 무엇으로 사는가?"

러시아의 대문호 레프 톨스토이Lev Nikolayevich Tolstoy는 이 질문을 통해 인간 존재의 본질과 삶의 가치를 탐구했다. 톨스토이의 작품은 인간의 야망ambition과 욕망desire, 그리고 그로부터 파생되는 삶의 진정한 의미에 대해 깊이 있는 성찰을 담고 있다.

톨스토이의 단편소설 『사람은 무엇으로 사는가Chem lyudi zhivy』는 1885년에 발표된 작품으로, 그의 후기 종교적·윤리적 사상과 인간 존재에 대한 깊은 고민이 고스란히 담겨 있는 작품이다.

표면적으로는 러시아 농촌을 배경으로 펼쳐지는 한 구두장이 부

◆◆

부와 낯선 남자(천사 미하일)의 이야기지만, 그 안에는 인간의 삶과 죽음, 사랑과 이타심, 그리고 존재의 본질에 대한 철학적 질문이 치밀하게 짜여 있다.

이 소설의 중심인물인 구두장이 세묜과 그의 아내 마뜨료나는 어느 날 길가에서 추위에 떨고 있는 낯선 남자를 집으로 데려온다. 이름도 사연도 모르는 그 남자는 말이 없고, 어딘가 세상과 단절된 듯한 태도를 보인다. 하지만 부부는 그를 따뜻하게 돌보고 기꺼이 자신들의 식사를 나눠준다. 이후 남자는 세묜의 구두 수선 일을 돕기 시작하고, 점차 사람들의 신뢰를 얻는다. 그러던 어느 날, 그는 갑자기 미소를 지으며 말문을 연다. 그리고 자신이 사실은 신의 명령을 받아 인간 세계로 내려온 천사였고, 세 가지 중요한 질문에 대한 답을 찾기 위해 왔음을 고백한다.

첫 번째 질문은 "사람의 마음속에는 무엇이 있는가?"였다. 인간이 본래 품고 살아가는 내면의 본질이 무엇인지를 묻는 말이다. 두 번째 질문은 "사람에게 허락되지 않은 것은 무엇인가?"였다. 이는 인간이 아무리 노력해도 스스로 통제하거나 예측할 수 없는 영역, 즉 인간 존재의 한계에 대한 질문이다. 마지막 세 번째 질문은 "사람은 무엇으로 사는가?"였다. 인간을 살아가게 만드는 힘, 존재의 근원이 무엇인지를 탐구하게 만드는 질문이다.

미하일은 인간 세계에서 다양한 사건과 사람들을 만나는 과정을 통해 이 질문들에 대한 답을 찾게 된다. 세묜 부부의 따뜻한 환대, 가난한 어머니의 헌신, 갑작스러운 죽음을 맞이한 사람들의 모습 등을 통해 그는 인간의 마음속에는 사랑이 자리하고 있으며, 인간에게 허락되지 않은 것은 바로 자신의 미래에 대한 지식임을 깨닫는다. 그리고 그 깨달음의 끝에, 사람은 결국 사랑으로 살아간다는 결론에 이른다. 이 세 가지 질문에 대한 답을 얻은 순간, 미하일은 마침내 신의 명령을 완수하게 되고 천사로서의 본래 자리로 돌아갈 수 있게 된다.

톨스토이는 이 서사를 통해 인간 존재의 본질과 삶의 의미가 무엇인지를 독자들에게 깊이 있게 묻고 있다.

특히 '서른'이라는 시점에 서 있는 독자라면, 톨스토이의 이 작품이 던지는 메시지는 더 큰 울림으로 다가온다. 성공과 성취를 향한 야망, 순간적인 만족을 쫓는 욕망 속에서 방향을 잃었다면, 이 작품은 다시 삶의 본질적인 가치로 돌아가라는 묵직한 조언이 될 수 있다. 톨스토이는 우리에게 묻는다.

"당신은 지금, 무엇을 위해 살아가고 있는가?"

⋮

진짜 야망인가, 순간의 욕망인가?

야망과 욕망은 언뜻 비슷해 보이지만, 본질적으로 지향점과 지속성, 동기의 깊이에서 명확히 구분된다. '야망'은 '장기적이고 목표 지향적인 노력'을 뜻한다. 즉, 미래의 구체적 목표를 향해 지속적으로 몰입하고 노력하는 태도가 포함된다. 흔히 사회적 성공, 개인적 성장, 의미 있는 성취를 이루기 위한 장기적 비전과 연결된다.

반면 '욕망'은 '즉각적이고 본능적인 갈망'을 의미한다. 이는 순간적인 만족, 감각적 쾌락, 물질적 소유, 타인의 인정 같은 외부적 자극에 대한 본능적 반응에 더 가깝다. 욕망은 충동적이고 단기적이며, 만족 후에도 또 다른 욕망으로 이어지는 특성을 보인다.

톨스토이의 철학에서 이 두 개념의 차이는 더욱 분명해진다. 인간은 종종 '야망'을 좇는다고 착각하지만, 실제로는 '욕망'에 휘둘리며 살아가는 경우가 많다. 우리는 '성공하고 싶다' '누구보다 앞서가고 싶다'라는 명분 아래 일하지만, 그 동기의 이면에는 단순한 소유 욕구, 타인의 인정 욕구, 사회적 비교 욕구가 자리 잡고 있다.

"Boys, be ambitious(소년들이여, 야망을 가져라)"라는 유명한 문구는 19세기 일본 근대화 과정에서 중요한 영향을 미친 미국인 교육자 윌리엄 스미스 클라크William S. Clark 박사의 말에서 유래했다. 1876년, 그는 일본 홋카이도에 위치한 삿포로 농학교(현 홋카이도 대학)의 초대 교장으로 부임하면서 일본 청년들에게 근대적 학문과 서구식 가치관을 가르쳤다. 재임 기간은 단 8개월에 불과했지만, 그의 교육 철학과 인격적 영향력은 일본 청년들에게 깊은 인상을 남겼다. 그가 일본을 떠나는 마지막 날, 학생들에게 남긴 작별 인사 한마디가 바로 "Boys, be ambitious!"였다.

"Boys, be ambitious! Be ambitious not for money or selfish aggrandizement, not for that evanescent thing which men call fame. Be ambitious for attainment of all that a man ought to be!"
(소년들이여, 야망을 품어라! 하지만 돈이나 개인적 이익을 위해서가 아니라, 사람이라면 마땅히 지녀야 할 이상을 위해 야망을 품어라!)

이 문구는 단순한 물질적 성공이나 명예욕을 지향하라는 뜻이 아니었다. 클라크 박사는 '도덕적 이상과 인격적 완성'을 위한 고결한 야망을 강조했다. 톨스토이의 철학과 이 문구는 흥미롭게도 맥락이 닿아 있다.

톨스토이는 『사람은 무엇으로 사는가』를 통해 타인과의 관계 속에서 실현되는 사랑과 책임, 그리고 내면의 윤리적 성숙을 강조했다. 클라크의 말 역시 '타인의 시선에 휘둘리지 않고, 인간으로서 마땅히 지향해야 할 삶의 가치'를 좇으라는 메시지였다.

오늘날 우리는 자주 '야망'이라는 단어를 출세, 명예, 돈과 동일시하지만, 클라크와 톨스토이는 모두, 야망의 본질이 '자기 존재의 가치 실현'과 '타인을 위한 기여'에 있음을 강조했다는 점에서 깊은 울림을 준다

❖
욕망의 덫에서 벗어나기

톨스토이의 작품 속 인물들은 대부분 욕망의 덫에 빠진다. 부, 명예, 권력, 사회적 인정 같은 외적 성공을 좇으며 살아가지만, 결국 그 끝에서 마주하게 되는 것은 깊은 공허함과 후회다. 그의 또 다른 대표작인 『이반 일리치의 죽음Smert' Ivana Il'icha』에서도 이런 메시지는 강렬하게 드러난다. 이반 일리치는 성공적인 법관이었고, 사회적으로도 명망 있는 인물이었지만, 죽음이 다가오는 순간 그는 자신의 삶이 진정으로 가치 있었는지 돌아보며 깊이 후회한다. 남들이 인정하는 기준을 따르며 살아온 결과, 정작 자신의 내면은 텅 비어 있었던 것이다.

톨스토이는 이런 인간 군상을 통해 욕망의 본질을 묻는다. 욕망은 채워도 채워도 끝이 없고, 채운 만큼 오히려 더 큰 공허가 밀려온다.

욕망의 가장 큰 특징은 '끊임없는 확장성'이다. 작은 소유로 시작하지만, 그것이 충족되는 순간 또 다른 욕망이 그 자리를 대신한다. 더 많은 돈, 더 높은 자리, 더 큰 명예를 원하게 되고, 그 과정에서 자신을 잃어버리게 된다. 톨스토이는 바로 이 '끝없는 욕망의 사슬'이 인간을 불행하게 만드는 핵심 원인임을 지적했다. 우리가 '성공'이라고 부르는 것들이 사실은 욕망의 형태만 바꿔가며 우리를 지치게 하는 경우가 많다. 톨스토이는 이러한 욕망의 덫에서 벗어나는 길로 '사랑과 이타심', 그리고 '자기 성찰'을 제시한다. 그는 말한다. "인간이 진정으로 충만함을 느끼는 순간은 무언가를 더 얻었을 때가 아니라, 누군가를 사랑하고, 타인을 위해 자신을 내어줄 때"라고. 『사람은 무엇으로 사는가』 속에서 미하일이 깨닫게 되는 것도 바로 이 점인 것이다.

오늘날을 살아가는 독자들에게 이 메시지는 더욱 절실하다. 이제막 사회적 성공을 향해 전력 질주하고 있거나, 이미 몇 번의 승리와 실패를 경험한 사람이라면, '내가 지금 추구하는 것이 진정한 야망인지, 아니면 단기적 욕망의 반복인지'를 스스로 물어볼 필요가 있다.

다윈의
'진화론적 사고'

:

끊임없는 변화 속에서 기회를 찾아라

찰스 다윈Charles Darwin은 단순히 생물학적 진화의 원리를 설명한 과학자가 아니다. 그는 변화에 대한 두려움을 넘어서 어떻게 적응하고 대응할지를 고민하게 만든 사상가였다.

다윈은 젊은 시절, 영국 해군 탐사선인 비글호HMS Beagle를 타고 5년간 세계를 항해하며 다양한 생물과 환경을 관찰했다. 그중에서도 갈라파고스 제도에서 발견한 핀치새들의 부리 형태의 차이는 그에게 커다란 영감을 주었다. 동일한 조상에서 유래했지만, 환경에 따라 부리의 형태가 다르게 변화했다는 점은 생명체가 '환경에 맞게 변화하며 적응한다'라는 사실을 깨닫게 해주었다.

이러한 관찰과 오랜 연구 끝에 다윈은 1859년 『종의 기원On the

Origin of Species』을 출간하며 인류 역사상 가장 혁명적인 과학 이론 중 하나인 '자연선택' 이론을 발표했다. 당시만 해도 대부분의 사람은 모든 생명체가 신에 의해 고정된 형태로 창조된다고 믿고 있었다. 하지만 다윈은 정반대의 주장을 내놓았다. 생명체는 환경 변화에 따라 끊임없이 형태를 바꾸며, 그 과정에서 '적자適者', 즉 환경에 가장 잘 적응한 개체들만이 살아남아 다음 세대로 생존 특성을 물려준다는 것이다. 다윈은 수십 년간의 관찰과 데이터 수집을 통해 이 이론을 뒷받침했다. 갈라파고스 제도의 핀치새들이 환경에 따라 부리의 형태를 달리 진화한 사례, 가축 품종 개량 과정에서 인간이 무의식적으로 시행해 온 인위적 선택의 예를 들며, 자연에서도 이와 유사한 '선택의 힘'이 작용한다고 주장했다.

'자연선택' 이론의 핵심은, 변화가 지속되는 환경 속에서 살아남기 위해서는 끊임없는 적응과 변화가 필요하다는 것이다. 다윈은 단순히 '강한 개체'나 '지능이 높은 개체'가 아니라, 변화에 민감하게 반응하고 그에 맞게 자신을 조정할 수 있는 개체가 살아남는다고 강조했다. 이 생물학적 원리는 단순한 종의 생존 문제를 넘어, 사회적·심리적 차원에서 우리 삶에 중요한 교훈을 던진다.

먼저 사회적 관점에서 다윈의 이론은 조직과 커뮤니티의 변화 대응 능력을 상기시킨다. 현대 사회는 급격한 기술 발전과 글로벌화로 인해 끊임없이 변하고 있다. 과거에 성공을 보장하던 방식이 더 이상 통하지 않는 경우가 많다. 기업들 역시 예외가 아니다. 시장의 변화에 민첩하게 대응하지 못한 기업은 도태되고, 변화에 빠르게 적응하며 혁신한 기업만이 생존한다.

개인의 커리어 역시 마찬가지다. 평생직장이 사라진 시대, 새로운 기술과 역량을 꾸준히 배우고 변화에 맞게 자신의 역할을 재정의하는 사람만이 커리어를 이어갈 수 있다.

심리적 차원에서도 이 이론은 깊은 통찰을 준다. 인간은 본능적으로 안정과 익숙함을 선호한다. 그러나 변화가 불가피한 현실 속에서 과거의 방식에만 집착한다면 스트레스와 좌절감이 커질 수밖에 없다. 변화에 대한 유연성은 단순히 외적 행동의 문제가 아니라, 내면의 사고방식과 정서적 회복탄력성과도 직결된다. 변화 앞에서 낙담하거나 고정관념에 사로잡히는 대신, 자신을 객관적으로 바라보고 새로운 방법을 모색하는 태도가 필요하다.

사회 속에서, 그리고 내 마음속에서 얼마나 유연하게 적응하고 있는지 돌아보는 것은 중요하다. 변화가 두려운 순간에도 그 안에 숨겨진 기회를 포착하고 자신을 진화시킬 수 있는 사람만이 결국 살아남는다.

유연한 사고가 필요한 이유

변화의 시대에 살아남기 위해 가장 필요한 것은 '유연한 사고'다. 다윈이 말한 '적응'이 단순히 환경 변화에 따라 겉모습만 바꾸는 것이 아니듯, 우리 삶에서도 단순한 행동의 변화보다 먼저 요구되는 것은 사고방식의 변화다.

20대에는 유연성이 비교적 자연스럽게 따라온다. 새로운 환경과 정보에 노출되는 일이 잦고, 경험의 폭이 넓어지는 과정에 있기 때문이다. 실수나 실패도 비교적 가볍게 받아들이고, '다시 하면 되지'라는 마음으로 재도전을 꺼리지 않는다.

그러나 나이가 들수록 상황은 달라진다. 30대에 들어서면 우리는 점차 '안정'을 추구하게 된다. 어느 정도 직업적 기반이 생기고, 인간관계도 익숙해지면서 변화보다는 익숙한 패턴에 머무르려는 심리가 강해진다. 새로운 시도는 리스크로 느껴지고, 실패에 대한 두려움도 커진다. 특히 사회적 책임이 늘어나는 시점에서는 '검증된 방법'과 '안전한 선택'을 우선시하게 된다.

40대에 이르면 이런 경향은 더욱 강화된다. 기존의 경험과 성공 사례에 대한 확신이 커지면서 무의식적으로 '내가 아는 방식이 정답'이라는 태도를 갖게 된다. 이때부터 유연성 대신 고집과 경직성이 자리 잡는다. 심지어 변화하는 환경을 무시하거나, "예전엔 이랬어"라는 과거 지향적 태도에 갇혀버리기도 한다.

문제는 바로 여기에 있다. 시간이 지날수록 경험이 쌓이고 연륜이 깊어지는 것은 분명 장점이지만, 그만큼 사고가 굳어지고 편협해질 위험도 함께 따라온다. 자신만의 틀에 갇혀 변화의 신호를 읽지 못하고, 새로운 가능성을 닫아버리는 순간, 우리는 다윈이 말한 '도태'의 길로 들어설 수밖에 없다. 우리는 나이가 들수록 더 현명해질 수도 있지만, 반대로 더 옹졸하고 완고한 사람이 될 수도 있다. 성장하는 사람과 정체된 사람의 차이는 바로 이 '사고의 유연성'에서 갈린다. 새로운 생각을 받아들이고, 낯선 변화를 두려워하기보다는 그것을 학습과 성찰의 기회로 삼으려는 태도가 중요하다.

많은 사람이 유연한 사고가 타고난 성향이나 기질의 문제라고 생각한다. 어떤 사람은 본래 낙천적이고 적응을 잘하고, 어떤 사람은 고집스럽고 변화에 둔감하다고 쉽게 단정 짓는다. 하지만 심리학과 뇌과학 연구에 따르면, 사고의 유연성은 충분히 훈련하고 개발할 수 있는 능력이다.

변화에 적응하는 힘은 나에게 있다

다윈의 진화론은 우리에게 단순한 자연의 법칙을 넘어서 삶의 태도에 대한 강력한 메시지를 던진다. 다시 한번 언급하지만, 자연선택의 과정에서 살아남는 종은 가장 강한 종도, 가장 똑똑한 종도 아니었다. 바로 '변화에 가장 잘 적응한 종'이었다. 그리고 그 적응의 핵심은 환경 변화에 맞춰 끊임없이 자신을 변화시키려는 '내적인 의지'였다.

우리의 삶도 다르지 않다. 지금 이 순간에도 세상은 변화하고 있다. 기술, 경제, 인간관계, 심지어 나 자신을 둘러싼 내적 환경까지 모든 것이 예측 불가능하게 흘러간다. 그런 현실 속에서 중요한 것은 외부 환경에 대한 불평이나 과거에 대한 집착이 아니다. 변화에 대한 태도, 그리고 그 변화 속에서 배우고 성장하려는 의지가 바로 생존과 성장을 결정짓는 힘이다. 다윈의 자연선택 이론이 말하는 '적자생존'의 진짜 의미는 선택받은 소수만이 살아남는다는 냉혹한 경쟁의 논리가 아니다. 오히려 모든 개체, 모든 사람에게 변화에 적응할 가능성과 잠재력이 있다는 사실을 일깨운다.

우리도 충분히 적응할 수 있다. 지금의 나, 지금의 능력만으로도 변화에 맞서 싸우고, 필요하다면 새롭게 배우고 성장할 수 있다.

유연한 사고는 그 시작점이다. 기존의 틀을 깨고 새로운 방법을 모색하려는 작은 시도, 낯선 것을 두려워하지 않고 배우려는 태도, 실패 속에서도 다시 일어서려는 마음가짐. 이 모든 것이 우리의 '적응력'을 키운다.

변화에 휘둘리는 존재가 될 것인가, 아니면 변화 속에서 길을 찾는 사람이 될 것인가는 결국 나의 선택에 달려 있다. 우리는 끊임없이 진화할 수 있다. 그리고 그 진화의 출발점은 지금 이 순간, 변화 앞에서 나 자신에게 던지는 질문이다.

"나는 이 변화에 어떻게 대응할 것인가?"

지금 이 질문에 답하려는 바로 그 태도야말로, 다윈이 말한 '생존하는 존재'의 첫 번째 조건이다.

3장

◆

사람은 남기고,
관계를 바꾸는 고전의 지혜

플라톤의
'이상적 사랑'

"사랑이란 무엇인가?"

이 질문은 철학이 존재한 이래로 끊임없이 탐구되어 온 주제다. 사랑은 우리 삶에서 가장 강렬한 감정을 불러일으키며, 동시에 가장 많은 고민과 혼란을 안겨준다. 특히 서른 즈음이 되면 사랑에 대한 관점이 이전과는 달라진다. 어릴 적에는 설렘과 끌림만으로도 사랑을 정의할 수 있었지만, 이제는 그저 감정만으로 관계를 이어가기 어렵다는 현실을 체감한다. 더 이상 "좋아하는 마음만 있으면 된다"라는 말은 통하지 않는다. 우리는 사랑이 무엇인지, 함께 살아간다는 것이 무엇인지 더 깊이 고민하게 된다.

실제로 통계청의 '2024년 사회조사'에 따르면, 30대의 결혼 의향은 해마다 낮아지는 추세다. 20대에는 대다수가 "언젠가는 결혼하겠다"라고 답했지만, 30대에 접어들면 '결혼은 선택'이라고 생각하거나 아예 "결혼 의향이 없다"라고 응답하는 비율이 급격히 늘어난다.

혼인율 역시 계속해서 감소하고 있으며, 30대의 많은 이가 사랑과 결혼을 단순한 사회적 통과의례가 아니라, 삶의 가치관과 방향에 따라 신중하게 선택해야 하는 문제로 인식하고 있다. 결국 사랑은 이제 더 이상 단순한 감정의 문제가 아니다. '어떤 사람과, 어떤 방식으로 관계를 맺고 살아갈 것인가?', 그리고 '이 사랑이 나를 어떻게 변화시키고 성장시킬 것인가?'라는 본질적인 질문으로 나아가게 된다.

플라톤은 이런 고민에 대한 철학적 답을 이미 오래전에 던졌다. 그의 대표 저작인 『향연饗宴, Symposium』은 고대 그리스의 한 연회장에서 벌어진 사랑에 대한 대화로 구성되어 있다. 다양한 인물이 등장해 각자의 사랑에 대한 생각을 나누지만, 이야기의 핵심은 소크라테스가 전하는 사랑의 본질에 담겨 있다.

소크라테스는 자신이 디오티마라는 지혜로운 여사제로부터 들은 사랑에 대한 가르침을 소개한다. 그에 따르면 사랑은 단순한 감정이나 육체적 욕망에 머무르지 않는다. 사랑은 우리를 더 높은 차원의 존재로 이끄는 여정이다. 처음에는 한 사람의 외적인 아름다움에 끌리는 것으로 시작하지만, 그 사랑은 점차 넓고 깊은 방향으로 확장돼, 아름다움 속에 공통된 가치를 찾게 된다. 그러다 어느 순간, 겉모습보다는 상대의 성품과 지혜, 영혼의 아름다움에 주목하게 된다. 사랑은 더 이상 외적인 것에 머물지 않고, 서로의 내면을 성장시키고 함께 더 나은 존재로 변화하려는 노력으로 이어진다. 이러한 과정이 반복되면서 우리는 '사람'이라는 구체적 대상을 넘어, 세상에 존재하는 모든 형태의 아름다움과 진리, 선^善에 대한 사랑으로 나아가게 된다. 이것이 플라톤이 말한 사랑의 궁극적 단계다. 사랑은 특정 사람을 향한 감정에서 시작하지만, 결국에는 우리 자신을 성장시키고, 더 나아가 세상과 삶을 바라보는 시선 자체를 변화시키는 힘이 된다.

관계 속에서 실천하는 플라톤식 사랑

플라톤이 말한 이러한 '이상적 사랑'은 듣기에는 숭고하고 아름답지만, 현실 속에서 마주하는 우리의 사랑과는 거리가 멀어 보인다. 삶의 현장 속에서 우리는 여전히 가족과의 갈등으로, 친구로부터 받은 상처로, 연인과의 다툼으로 고통받는다. 이상적 사랑은 마치 철학책 속의 개념처럼 느껴지기도 한다. 하지만 조금만 시선을 달리 하면, 플라톤의 사랑의 단계들은 우리의 일상적인 인간관계 곳곳에 적용될 수 있다.

가족과의 관계에서는 '조건 없는 사랑'과 '이해의 확장'을 생각해 볼 수 있다. 부모와 자식, 형제자매 사이에서도 우리는 종종 상대의 기대에 맞지 않는 모습에 실망하거나, 오랜 시간 쌓인 서운함에 갇히곤 한다. 하지만 플라톤이 강조한 '영혼의 아름다움'에 대한 사랑처럼, 겉으로 드러나는 행동보다 그 사람의 본질적인 선의와 노력, 그리고 성장 가능성을 바라보려는 시도가 필요하다. 관계 속에서 '이 사람도 더 나은 방향으로 변화할 수 있다'라는 믿음을 갖는 것, 그것이 일상의 작은 실천이다.

친구 관계에서도 마찬가지다. 오랜 친구일수록 우리는 서로의 단점을 더 많이 알게 된다. 때로는 서운함이 쌓이고, 때로는 가치관의 차이로 멀어지기도 한다. 하지만 플라톤이 말한 '지혜와 선을 향한 공동의 여정'이라는 관점에서 보면, '좋은 우정'이란 서로의 성장에 기여하고, 더 나은 사람이 되도록 함께 돕는 과정이다. 단순히 함께 놀기만 하는 관계가 아니라, 서로의 부족함을 지적하고 성장을 독려할 수 있는 관계야말로 오래가는 친구의 조건이다.

연인 관계에서는 플라톤의 사랑의 사다리가 더욱 명확히 드러난다. 관계 초반의 설렘과 외적 매력에 대한 끌림에서 시작해, 상대의 가치관, 성격, 삶의 태도에 대한 이해로 넘어가는 것. 그리고 그 이해를 넘어 서로의 성장과 자아실현을 돕는 동반자가 되어가는 것. 이런 관계의 전환이 일어나지 않는다면, 사랑은 쉽게 소모되고 만다. 뜨거운 감정만으로는 오래가지 않는다. '내가 이 사람과 함께 더 나은 사람이 되고 있는가?' '이 관계가 우리 둘을 성장시키고 있는가?'라는 질문이 필요한 이유다.

플라톤이 강조했던 '사랑을 통한 자기 초월'은 결국 아주 거창한 것이 아니다. 매일의 작은 다툼 속에서도 상대의 입장을 조금 더 이해하려 애쓰는 것, 상대의 성장을 진심으로 응원하는 것, 그리고 때로는 내가 먼저 변화하려 노력하는 것. 이런 일상의 선택들이 모여, 우리는 조금씩 더 나은 사랑의 형태에 가까워진다.

⋮

개인을 넘어, 사회와 다음 세대로

플라톤이 말한 사랑의 본질은 결국 '자기 초월'과 '선의 추구'다. 이는 비단 개인적인 관계에만 머무르는 이야기가 아니다. 우리가 일상 속에서 실천하는 작은 사랑의 태도들은 결국 더 넓은 사회적 맥락에서도 영향을 미친다.

오늘 내가 가족을 조금 더 이해하려 애쓰고, 친구의 성장을 진심으로 응원하며, 연인과 함께 더 나은 방향을 고민하는 그 노력은 결국 더 건강한 사회적 관계망을 만드는 시작점이 된다. 서로를 존중하고 성장시키려는 태도가 개인들 사이에서 점차 퍼져 나갈 때, 우리는 '경쟁과 비교'가 아닌 '성장과 협력'을 중심으로 한 공동체 문화를 만들어갈 수 있다. 나아가 이러한 사랑의 태도는 우리 다음 세대에게도 중요한 유산이 된다. 부모가 자녀에게 보여주는 사랑의 방식은 곧 자녀의 인간관계와 삶의 태도를 결정짓는다. 상대를 평가하거나 통제하려는 사랑이 아니라, 성장과 가능성을 믿고 존중하는 사랑을 경험한 아이들은 자연스럽게 그런 태도를 다른 사람에게로 확장시킬 것이다.

더불어 사회의 다양한 영역에서도 플라톤식 사랑의 철학은 유효하다. 직장에서의 협력, 지역사회에서의 연대, 다양한 세대 간의 이해와 소통 역시 '상대의 본질적인 가치를 보고 성장의 가능성을 믿는 태도'에서 출발할 수 있다. 단순한 친절이나 의무감을 넘어서, 서로의 가능성을 키워주는 관계 맺기. 그것이 공동체적 사랑의 시작이다.

결국 사랑은 특정한 감정의 순간에 머무는 것이 아니다. 그것은 우리가 매일 선택하고 실천해야 할 삶의 태도이며, 우리가 살아가는 사회를 조금 더 따뜻하고 단단하게 만드는 힘이다. 그리고 언젠가 우리의 자녀와 후손들은 바로 그 사랑의 문화를 물려받게 될 것이다. 지금 우리가 맺는 모든 관계 속에서 시작된 그 사랑이, 오랜 시간이 흐른 뒤에도 누군가의 삶에 선한 영향을 남기게 될 것이다.

헤겔의
'변증법적 사랑'

독일 철학자 헤겔Georg Wilhelm Friedrich Hegel은 근대 철학의 가장 영향력 있는 사상가 중 한 사람으로 꼽힌다. 그는 독일 관념론의 완성자로 불리며, 역사, 사회, 예술, 종교 등 거의 모든 분야에 걸쳐 철학적 영향을 끼쳤다. 헤겔의 사상 중 가장 널리 알려진 개념 중 하나가 바로 '변증법Dialectic'이다.

헤겔의 변증법은 세상의 모든 사물과 관계, 심지어 인간의 사고와 감정까지도 '대립과 충돌을 거쳐 더 높은 단계로 발전한다'는 원리를 담고 있다. 그는 인간의 모든 인식과 역사, 사회적 관계가 '정립(테제thesis) → 반정립(안티테제antithesis) → 종합(진테제synthesis)' 이라는 3단계 운동을 통해 끊임없이 변화하고 성장한다고 보았다.

사랑도 마찬가지다. 우리는 누군가를 사랑하기 시작할 때, 종종 그 사람을 '내가 보고 싶은 모습' '내가 원하는 방식'으로 이상화한다. 상대의 좋은 점만을 보려 하고, 현실보다는 기대에 더 많이 의존한다. 이것이 바로 사랑의 정립(테제)이다. 강한 끌림과 설렘, 상대에 대한 이상화가 사랑의 시작을 장식한다. 하지만 시간이 흐르면 필연적으로 우리는 상대의 결점, 이질적인 생활 방식, 가치관의 차이와 마주하게 된다. 상대가 더 이상 처음에 기대했던 이상적인 사람이 아님을 깨닫게 되고, 때로는 실망과 분노, 상처를 경험하게 된다. 이것이 바로 반정립(안티테제)의 시기다. 우리는 '왜 저 사람은 내 기대에 맞춰주지 않는가?' '왜 이렇게 다른가?'라며 상대를 탓하거나 관계 자체를 회의적으로 바라본다.

헤겔의 철학이 중요한 이유는 바로 여기서 멈추지 않기 때문이다. 그는 이 갈등과 충돌의 순간이 오히려 사랑의 본질을 새롭게 정의할 수 있는 전환점이라고 말한다. 갈등을 회피하거나 억누르려하기보다는, 그 차이와 오해 속에서 서로에 대한 더 깊은 이해와 새로운 관계의 형태를 만들어내야 한다는 것이다. 이것이 바로 종합(진테제) 단계다.

헤겔의 생애 자체도 그의 철학이 말하는 변증법적 과정을 닮았다. 그는 1770년 독일 슈투트가르트에서 태어났다. 젊은 시절 신학을 공부했지만, 철학에 더 큰 관심을 두고 학문적 길을 모색했다. 그러나 앞길은 순탄하지 않았다. 헤겔은 학문적 명성을 얻기 전까지 오랜 무명과 경제적 어려움 속에서 살아야 했다. 대학 졸업 후에도 일정한 직업을 구하지 못해 가정교사로 생계를 이어갔고, 생활고에 시달리면서도 철학적 사유를 놓지 않았다. 심지어 한때는 친구의 집에 얹혀살고, 빚에 허덕이기도 했다.

그의 첫 주요 저작인 『정신현상학Phänomenologie des Geistes』(1807)이 출간될 당시에도 헤겔은 학계에서 널리 인정받지 못했다. 이 책은 난해한 문장과 복잡한 개념으로 인해 초기에 큰 주목을 받지 못했다. 그러나 그는 좌절하지 않았다. 오히려 이러한 시련 속에서도 철학적 사유를 멈추지 않았고, 스스로 겪은 내면의 갈등과 현실의 모순들을 사상 속에 깊이 새겨 넣었다. 이후 헤겔은 하이델베르크와 베를린에서 교수직을 맡으며 조금씩 학문적 명성을 얻기 시작했다. 말년에 프로이센 정부로부터 철학자로서의 공로를 인정받아 '국가 철학자'라는 칭호를 얻으며, 마침내 그의 사상은 독일 철학의 정점에 서게 된다. 이런 그의 삶의 궤적 자체가 바로 '정립 → 반정립 → 종합'이라는 변증법적 과정과 닮았다.

무명의 시절(테제), 경제적·사회적 좌절과 한계의 시기(안티테제), 그리고 학문적 인정과 철학적 완성(진테제)이라는 흐름 속에서 그는 자신의 사상을 체험적으로 완성해 나간 것이다.

⁝
사랑이 남긴 상처, 어떻게 극복할 것인가?

사랑이 끝난 후 남는 것은 늘 아픔이다. 우리가 누군가를 깊이 사랑했던 만큼, 그 관계가 끝날 때 남는 상실감과 공허함은 쉽게 사라지지 않는다. 연인과의 이별, 친구와의 갈등, 가족과의 오랜 오해…. 그 모든 관계의 뒤편에는 크고 작은 상처가 자리한다. 우리는 그 상처 앞에서 흔들리고, 때로는 다시 사랑할 용기를 잃기도 한다.

하지만 헤겔의 변증법적 시각에서 보면, 이러한 상처들은 단순한 불행이나 실패가 아니다. 오히려 새로운 성장을 위한 필연적 과정이다. 그는 인간의 삶이 '대립과 충돌'을 거쳐 더 높은 단계로 나아가는 운동이라고 보았다. 그렇다면 사랑의 상처 역시 그 일부다. 사랑에서 겪는 갈등과 상처는 우리를 더욱 성숙한 사람으로 변화시키는 전환점이 될 수 있다.

상처를 극복하기 위해 가장 먼저 해야 할 일은, 그 아픔을 외면하거나 부정하지 않는 것이다. 많은 사람이 이별 후 감정을 억누르거나, 모든 책임을 상대에게 돌리며 자신을 보호하려 한다. 하지만 그

럴수록 상처는 마음속 깊이 자리 잡고, 반복적인 관계 패턴 속에서 또 다른 상처로 이어지기 쉽다. 헤겔의 관점에서 본다면, 우리는 그 고통의 과정을 정면으로 마주해야 한다. '왜 나는 이 관계에서 상처받았는가?' '어떤 기대와 두려움이 이 갈등을 만들었는가?' '나는 그 과정에서 무엇을 배웠는가?'라는 질문을 자신에게 던지는 용기가 필요하다.

상처의 원인을 단순히 상대의 잘못에서 찾는 대신, 그 관계 속에서의 나의 역할과 책임을 돌아보는 것, 그것이 진정한 치유의 출발점이다. 그리고 무엇보다 중요한 것은 상처를 성장의 기회로 바꾸는 태도다.

헤겔은 모든 모순과 충돌이 새로운 합으로 나아간다고 말했다. 사랑에서 받은 상처 역시 마찬가지다. 그 아픔을 통해 우리는 나 자신에 대해 더 깊이 이해하게 되고, 다음 사랑에서는 어떻게 더 건강한 관계를 만들 수 있을지 배워 나간다. 과거의 실패가 앞으로 다가올 사랑의 밑거름이 되는 것이다.

상처를 완전히 없앨 수는 없다. 그러나 그 상처 위에 새로운 의미를 쌓을 수는 있다. 이전보다 더 단단하고, 더 깊이 있는 사랑을 할 수 있는 사람으로 변화하는 것, 그것이야말로 우리가 사랑의 상처로부터 배워야 할 가장 중요한 진실이다. 헤겔이 말했듯이, 모든 끝은 새로운 시작의 문턱에 서 있다. 사랑도 그렇다. 아픔의 자리에서 다시 시작하는 것, 그것이 우리 모두가 배워야 할 사랑의 또 다른 얼굴이다.

⋮

성숙한 사랑, 진정한 어른이 된다는 것

결국 사랑의 상처를 딛고 다시 앞으로 나아간다는 것은 단순히 다시 사랑할 용기를 낸다는 것만을 의미하지 않는다. 그것은 나 자신이 한 단계 더 성숙한 존재로 변화하는 과정을 의미한다. 헤겔이 말한 변증법적 성장의 끝에는 언제나 '더 깊은 자기 인식'과 '타자에 대한 더 넓은 이해'가 있다. 그것이 바로 진정한 성숙의 징표다.

진정한 어른이 된다는 것은 갈등 없는 관계를 만드는 것이 아니다. 오히려 갈등이 생겼을 때 그것을 회피하지 않고 정면으로 마주할 수 있는 용기를 갖는 것이다. 관계가 불편해질까 두려워 침묵하거나 피하지 않고, 때로는 불편한 대화를 나누고, 서로의 상처를 인정하며 해결책을 함께 모색하려는 태도, 그것이 성숙한 관계의 시작이다.

또한, 상처받을 가능성을 알면서도 누군가를 진심으로 사랑할 수 있는 마음의 여유와 감정적 책임감을 갖는 것도 중요하다. 사랑은 단순히 좋은 순간만을 함께하는 것이 아니라, 상대의 아픔과 불안, 때로는 실망과 분노까지도 함께 감당하는 책임을 동반한다. 진정한 어른은 사랑이라는 감정에 따르는 책임을 회피하지 않는다. '상대에게 준 감정이 이만큼 컸으니 상대도 그만큼 보답해야 한다'라는 미성숙한 기대 대신, 상대를 있는 그대로 받아들이고, 관계를 위해 내가 할 수 있는 역할과 책임이 무엇인지 고민하는 것이 필요하다. 자신의 부족함을 인정하고, 상대의 다름을 존중하며, 두 사람이 함께 더 나은 방향으로 변화할 수 있다는 믿음을 잃지 않는 것, 그리고 그 과정에서 나의 감정과 행동에 대해 책임지는 것. 그 모든 과정이 어른이 되어간다는 것의 또 다른 이름이다.

사랑은 결국 우리를 조금 더 단단하게, 조금 더 넓게, 그리고 조금 더 깊게 만든다. 상처받으면서도 다시 사랑을 선택하는 그 과정에서 우리는 조금씩 진정한 어른이 되어간다. 그리고 그 어른스러움 속에서, 비로소 더 성숙하고 깊이 있는 사랑을 할 수 있게 된다.

아리스토텔레스의
'친구의 유형'

우정 혹은 동료애

"인간은 사회적 동물이다."

아리스토텔레스Aristotle가 남긴 이 유명한 말은 우리가 혼자 살아
갈 수 없는 존재임을 설명하는 것 이상이다. 우리는 삶의 중요한 순
간마다 누군가와의 관계 속에서 의미를 발견하고, 성장하며, 위로
를 얻는다. '서른'이라는 시기는 인생의 방향성이 뚜렷해지면서 우
정과 인간관계에 대한 고민이 깊어지는 시점이다. 친구의 범주는
넓지만, 진정한 친구는 점점 줄어드는 듯한 기분이 들기도 한다.

아리스토텔레스는 『니코마코스 윤리학Ethika Nikomacheia』에서 우
정의 본질을 깊이 탐구하며, '우정'을 단순한 감정이 아닌 인간의 도

덕적 성장과 삶의 질을 결정짓는 중요한 요소로 보았다. 그는 친구의 유형을 세 가지로 구분하며, 우리가 어떤 관계를 맺고 살아가는지가 얼마나 중요한지를 설명한다. 그는 우정이라는 것이 모두 동일한 가치를 지니는 것이 아니며, 그 안에도 질적 차이가 존재한다고 보았다. 이러한 분류는 우리가 현재 맺고 있는 다양한 인간관계를 돌아보고, 진정한 우정이 무엇인지 성찰할 수 있는 중요한 기준이 된다.

첫 번째 유형은 '이익에 기반한 우정'이다. 이 관계는 말 그대로 서로의 필요와 이익에 의해 형성되는 우정이다. 예를 들어 비즈니스 파트너, 직장 동료, 또는 특정 목표를 위해 만나는 사람들과의 관계가 여기에 해당한다. 이런 우정은 서로에게 실질적인 도움이나 혜택이 있을 때는 비교적 원만하게 유지된다. 하지만 그 이익이 사라지는 순간, 관계도 자연스럽게 소원해지기 쉽다. 흔히 직장에서 매일 함께 밥을 먹고 대화를 나누던 동료가, 퇴사 후에는 연락이 끊어지는 경우가 대표적 예다.

두 번째는 '쾌락에 기반한 우정'이다. 이 유형의 우정은 즐거움과 유희, 정서적 즐거움에서 출발한다. 함께 있으면 기분이 좋고, 대화가 즐겁고, 취미나 관심사를 공유할 때 느끼는 만족감이 관계의 원동력이 된다. 여행 친구, 취미 모임, 동호회에서 만난 사람들과의 관계가 이에 속한다. 하지만 이 우정 역시 즐거움이라는 조건이 사라지면 금세 멀어질 수 있다. 예를 들어, 함께 운동을 즐기던 친구와 더 이상 같은 취미를 공유하지 않게 되면 자연스럽게 관계가 소원해지는 경우다.

마지막으로 아리스토텔레스가 가장 이상적인 형태로 본 우정은 바로 '덕에 기반한 우정'이다. 이 우정은 단순한 이익이나 즐거움 때문이 아니라, 서로의 인격과 가치를 진심으로 존중하고 아끼는 마음에서 출발한다. 상대를 수단이 아니라 그 자체로 소중한 존재로 여긴다. 이 우정은 시간이 흘러도 쉽게 흔들리지 않으며, 오히려 더 깊어지고 단단해진다. 어려운 시기에도 서로를 지지하고, 상대의 성장과 행복을 진심으로 바라는 관계다.

❖

진정한 우정은 어떻게 만들어지는가?

아리스토텔레스는 "친구는 두 개의 몸에 깃든 하나의 영혼이다"라고 말했다. 이 말에는 단순한 친밀감을 넘어선 깊은 의미가 담겨 있다. 진정한 친구란 내 감정을 비치는 거울 같은 존재이며, 나의 부족함을 채워주는 사람이라기보다는 함께 성장하고 서로의 삶을 더 나은 방향으로 이끌어주는 동반자라는 뜻이다.

그렇다면 덕에 기반한 진정한 우정은 어떻게 만들어질 수 있을까? 무엇보다 중요한 것은 '시간과 노력'이다. 이런 우정은 하루아침에 생기지 않는다. 서로의 성격, 가치관, 삶의 태도를 오랜 시간에 걸쳐 천천히 알아가야 하고, 그 과정에서 신뢰와 존중이 조금씩 쌓여야만 비로소 가능하다.

아리스토텔레스가 말한 '덕'은 단순히 선한 행동을 의미하는 것이 아니다. 상대방을 향한 진정성 있는 관심, 일관된 태도, 그리고 상대가 가진 고유한 가치를 알아보고 존중하려는 마음이 모두 포함된 개념이다. 진정한 우정을 맺기 위해서는 상대를 어떤 목적의 수단으로 대하지 않는 태도가 필요하다. 상대가 나에게 어떤 이익을 주는지, 나에게 어떤 즐거움을 주는지보다 그 사람 자체의 존재 가치를 인정하고 소중히 여겨야 한다. 친구의 성공을 질투하기보다는 진심으로 축하하고, 친구의 어려움을 외면하기보다는 함께 짊어질 수 있는 용기가 필요하다.

또한 진정한 우정은 서로의 성장을 돕는 관계에서만 가능하다. 불편하더라도 필요한 순간에는 솔직하게 조언하고, 상대의 잘못을 지적할 수 있는 용기가 있어야 한다. 상대의 성장을 위해서라면 때로는 단호한 태도도 필요하다. 그렇게 서로를 더 나은 사람으로 만들어가는 과정에서 우정은 더 깊어진다.

삶의 가치관과 목표를 어느 정도 공유할 수 있는지도 중요한 부분이다. 대화가 잘 통하고 취미가 비슷한 것만으로는 오랜 우정을 이어가기 어렵다. 삶을 바라보는 기본적인 태도나 인생에서 중요하게 여기는 가치가 크게 다르다면 언젠가는 그 차이가 관계를 멀어지게 만든다. 서로가 '선'을 향해 나아가려는 의지가 있을 때, 그 우정은 오랜 시간에도 흔들리지 않는 힘을 갖게 된다.

우리는 친구의 숫자에 연연해하지 말아야 한다. 중요한 것은 '내가 누구와 어떤 깊이의 관계를 맺고 있는가?' 그리고 '나는 과연 누군가의 또 다른 영혼이 될 수 있는가?'와 같은 질문이다. 진정한 우정은 그렇게, 서로의 성장을 돕고 함께 시간을 나누며 조금씩 쌓여가는 것이다. 결국 좋은 친구를 원한다면, 나 역시 누군가에게 그런 친구가 될 준비가 되어 있어야 한다.

❖
우정의 본질은 함께 성장하는 것

아리스토텔레스가 우정을 삶의 필수 요소로 본 이유는 단순한 감정적 유대 때문만은 아니다. 그가 말한 '진정한 우정', 즉 덕에 기반한 우정의 가장 큰 특징은 서로의 성장을 돕는 관계라는 점에 있다. 우정은 그저 좋은 시간을 함께 보내는 관계가 아니라, 서로를 더 나은 사람으로 변화시키는 힘을 가진 관계다. 우리는 종종 친구를 '늘 내 편인 사람' '나를 무조건 위로해 주는 사람'으로 생각하곤 한다. 하지만 진정한 친구라면 때로는 불편한 진실도 말할 수 있어야 한다. 나의 부족함을 지적해주고, 내가 잘못된 길로 갈 때는 용기 있게 멈춰 세워줄 수 있어야 한다. 그런 과정에서 우리는 비로소 나 자신을 더 잘 알게 되고, 더 성숙한 사람이 되어간다.

친구의 변화와 성장을 지켜보면서 우리는 자극을 받는다. 친구가 어려운 시기를 이겨내고 새로운 도전을 시작하는 모습을 보며, 나 역시 내 삶을 돌아보고 스스로 일으켜 세우게 된다. 때로는 친구의 조언이 내 사고방식을 흔들어놓기도 하고, 친구의 태도가 내 선택에 영향을 주기도 한다. 그 과정에서 우리는 조금씩 이전과는 다른 사람이 되어간다. 아리스토텔레스가 말한 우정의 본질이 바로 여기에 있다. 우정은 현재의 나를 그대로 머물게 두지 않는다. 함께 성장하려는 의지, 서로의 가능성을 믿고 지지하는 마음, 그리고 그 과정에서 나 역시 변화할 준비가 되어 있는 태도, 그것이 덕에 기반한 우정의 핵심이다.

성장에는 때로는 불편함이 따르고, 익숙했던 관계의 방식이 흔들리기도 한다. 하지만 그런 과정을 함께 겪어내는 친구가 있다면, 우리는 그 갈등조차 성장의 자양분으로 만들 수 있다.

　결국 진정한 친구란 나의 안락함을 지켜주는 사람이라기보다, 내가 더 나은 사람이 되도록 끊임없이 자극하고 도전하게 만드는 사람이다.

『손자병법』의
'관계 전략'

갈등을 다루는 기술

"싸우지 않고 굴복시키는 것이 최상이다."

이 말은 고대 중국의 병법서 『손자병법孫子兵法』의 핵심 전략을 담고 있다. 『손자병법』은 춘추전국시대라는 끝없는 전쟁의 시대 속에서 탄생한 전쟁 전략서지만, 그 지혜는 단순한 군사 전술을 넘어 인간관계의 갈등 해결에까지 적용된다.

이 책의 저자인 손무孫武는 춘추전국시대 초기에 활동한 뛰어난 군사 전략가였다. 오吳나라의 군사로 재직하던 그는, 끊임없이 변하는 복잡한 전쟁터의 현실 속에서 어떻게 하면 최소한의 희생으로 최대의 성과를 거둘 수 있을지를 고민했다.

손무는 전쟁의 본질을 단순한 힘의 충돌로 보지 않았다. 그는 전쟁의 궁극적인 목적이 적을 무너뜨리는 것이 아니라, '싸우지 않고도 승리하는 것', 즉 상대가 저항의 의지조차 갖지 못하게 만들어 전투 자체를 불필요하게 만드는 것에 있다고 강조했다. 실제로 그는 『손자병법』에서 전투를 최후의 수단으로 간주하며, 정보 수집, 심리전, 외교적 고립 등 다양한 전략적 수단을 통해 적을 약화시키는 방법을 설명했다. 손무의 이러한 사고방식은 오늘날 우리의 인간관계에서도 유효하다.

직장 내 경쟁, 친구와의 갈등, 연인과의 다툼 등 우리의 일상 속 인간관계는 마치 작은 전쟁터와도 같다. 상사와 의견이 맞지 않아 충돌할 때, 동료와의 성과 경쟁에서 불편함이 생길 때, 또는 친구의 무심한 말 한마디에 서운함이 쌓일 때 우리는 종종 즉각적인 감정의 반응으로 맞서 싸우려 한다. 연인과의 관계에서도 서로의 기대가 어긋나거나 작은 오해가 깊어지면서 불필요한 언쟁으로 번지기도 한다.

단순히 이기기 위해 맞서기보다는, 상대의 심리와 상황을 면밀히 분석하고 갈등의 본질을 파악한 뒤, 때로는 한 걸음 물러서거나 적절한 타협과 대화를 통해 더 큰 손실 없이 문제를 해결하는 것이 현명하다. 직장에서는 동료의 약점만을 공략하기보다 상생의 길을 찾

사람은 남기고,
관계를 바꾸는 고전의 지혜

는 협력 전략이 필요하고, 친구 사이에는 오해의 골이 깊어지기 전에 솔직한 대화로 불신을 풀어야 한다. 연인 관계에서는 언성을 높이기보다는 상대의 입장을 이해하고 기다려주는 태도가 더 강한 유대감을 만든다. 손무가 강조한 '싸우지 않고 이기는 것'은 바로 이런 것이다. 이기는 것만이 목적이 아니라, 관계의 균열을 최소화하고, 장기적으로 더 나은 결과를 끌어내는 지혜로운 선택. 결국 『손자병법』의 전략은 전쟁터에만 국한된 것이 아니라, 우리의 인간관계 속 모든 갈등 상황에서 통하는 삶의 기술이다.

⋮

갈등의 이면을 들여다보다

'갈등'이라는 단어를 떠올리면 우리는 대부분 부정적인 감정부터 떠올린다. 불편함, 스트레스, 상처, 혹은 관계의 파괴. 그래서 많은 사람이 갈등을 본능적으로 피하거나 억누르려 한다. 하지만 정말 그래야만 할까?

손무가 『손자병법』에서 강조한 또 다른 중요한 지혜는 바로 "현실을 직시하라"는 것이다. 갈등은 우리의 일상에서 완전히 제거할 수 없는 자연스러운 현상이다. 서로 다른 가치관, 이해관계, 감정의 차이에서 비롯된 갈등은 인간관계가 지속되는 한 피할 수 없다. 오히려 갈등은 관계가 살아 있다는 증거다. 감정이 있고, 기대가 있고, 변화가 있기 때문에 갈등이 생기는 것이다.

중요한 것은 갈등 그 자체가 아니다. 어떻게 그 갈등을 바라보고, 해석하고, 대응하느냐가 우리 관계의 질을 결정한다. 손무는 갈등의 상황에서 가장 먼저 해야 할 일은 '상황을 냉정하게 분석하는 것'이라고 말한다. 감정에 휘둘리기 전에, 현재 벌어지고 있는 갈등의 본질이 무엇인지 파악해야 한다. 상대가 왜 그런 말을 했는지, 나는 왜 그렇게 반응했는지, 이 갈등 뒤에 숨겨진 욕구와 두려움은 무엇인지 들여다보아야 한다.

심리학에서는 갈등을 단순한 견해차나 감정의 충돌로 보지 않는다. 그 이면에는 언제나 충족되지 않은 욕구와 해결되지 않은 두려움이 숨어 있다. 예를 들어, 직장에서 상사의 비판적인 피드백에 과도하게 방어적으로 반응하는 이유는 단순히 자존심 때문만이 아니다. 그 안에는 '인정받고 싶다'는 욕구, 혹은 '능력 없다는 평가를 받을까 두려운 마음'이 자리 잡고 있다. 친구의 무심한 말 한마디에 서운함이 폭발하는 것도 사실은 '관계에 대한 애정과 관심을 받고 싶다'는 욕구, 그리고 '버려질지도 모른다'는 불안 때문일 수 있다. 연인과의 다툼 역시 마찬가지다. 상대의 무관심에 분노하는 이유는 결국 '사랑받고 싶다'는 욕구, 그리고 '소중한 관계가 멀어질지도 모른다'는 두려움에서 비롯된다.

심리학자 마셜 로젠버그Marshall B. Rosenburg가 제안한 '비폭력 대
화NVC, Nonviolent Communication 이론'에서도 이런 점을 강조한다. 모
든 갈등의 밑바닥에는 채워지지 않은 욕구가 있으며, 그것이 적절
히 표현되지 않을 때 공격적 말투나 방어적인 행동으로 왜곡되어
나타난다는 것이다. 중요한 것은 갈등이 벌어졌을 때 감정의 표면
만 바라보는 것이 아니라, 그 뒤에 숨겨진 '진짜 욕구'와 '근본적인
두려움'에 귀 기울이는 것이다.

⋮

한 걸음 물러서서 전체를 보라

손무가 전장에서 강조한 또 다른 지혜는 바로 '지형의 활용'이다.
그는 도하渡河 작전을 예로 들며, 적이 강을 절반쯤 건넌 순간을 노
려 공격하라고 조언했다. 이는 단순히 적의 약점을 공략하라는 뜻
만이 아니다. 싸움의 타이밍과 공간, 그리고 상황의 흐름을 전체적
으로 읽고 활용하라는 의미다. 만약 교두보만을 사수하겠다는 생각
에 사로잡혀 물가에 바짝 붙어 싸운다면, 전투의 주도권은 오히려
적에게 넘어가게 된다. 손무는 그러한 전략적 함정에 빠지지 않기
위해, 물리적 지형뿐 아니라 전황戰況 전체를 읽고 유연하게 대응하

라고 강조한다.

이 지혜는 인간관계의 갈등 상황에서도 그대로 적용된다. 우리는 종종 갈등의 '한가운데'에서 즉각 대응하려 하고, '지금 이 순간'의 감정싸움에 매몰된다. 하지만 손무의 가르침은 이렇게 묻는다.

"지금 이 타이밍이 정말 싸워야 할 순간인가?"

때로는 감정이 폭발하는 순간, 바로 맞서기보다는 상황의 흐름을 한 발짝 떨어져서 바라보는 것이 더 현명하다. 상대가 격앙된 상태라면 잠시 시간을 두고 대화를 시도하는 것이 좋다. 나의 입장이 불리한 상황이라면, 서둘러 해명하기보다는 때를 기다리며 심리적 지형을 더 유리하게 만들 필요가 있다.

손무의 전술처럼, '타이밍'과 '심리적 공간'을 고려해야 갈등이 풀린다. 즉각적인 반격보다 효과적인 타이밍을 기다리고, 상대의 심리적 흐름과 주변 상황을 종합적으로 고려해야 한다. 갈등의 흐름 속에서 나에게 유리한 '고지대'를 찾는 것, 상대의 공격적 에너지가 소진된 순간을 기다리는 것, 그리고 감정의 물결이 잦아든 시점을 포착하는 것. 이것이야말로 인간관계라는 전장에서 우리가 선택할 수 있는 지혜로운 갈등 관리 전략이다.

결국 손무가 말했던 것은 전쟁에서나 인간관계에서나 본질적으로 같다. 갈등의 순간에도 우리는 단순히 눈앞의 충돌에만 집중할 것이 아니라, 상황을 넓게 보고, 감정의 흐름과 상대의 심리를 읽으며, 가장 현명한 대응 시점과 방법을 선택해야 한다는 것이다. 중요한 것은 당장의 감정적 승리가 아니라, 장기적으로 관계를 지키고 나의 목표를 이루는 것이다. 싸움을 피할 수 있다면 피하고, 반드시 맞서야 한다면 철저히 준비된 상태에서 나의 강점을 최대화하고 상대의 약점을 읽어내야 한다.

'서른'의 삶에서 마주하는 크고 작은 갈등들 앞에서 이제 우리는 손무의 가르침을 떠올릴 필요가 있다.

'지금 이 싸움이 정말 필요한가?'
'지금 내가 서 있는 곳이 정말 최선의 자리인가?'
'상대와 나의 심리적 지형은 어떤가?'

이 질문들에 대한 답을 찾는 순간, 우리는 더 이상 갈등에 휘둘리는 사람이 아니라, 그 상황을 전략적으로 이끌어갈 수 있는 주체가 될 것이다. 싸우지 않고 이기는 것, 그것이야말로 인간관계에서 우리가 배워야 할 가장 중요한 생존 기술이다.

셰익스피어의
『리어왕』

'인생'이라는 무대 위에 선 우리

"온 세상은 하나의 무대이고, 모든 남자와 여자는 단지 배우일
뿐이다. 그들은 각자의 퇴장과 입장이 있으며, 한 사람은 그의
인생에서 여러 역할을 연기한다."

셰익스피어William Shakespeare의 희곡『뜻대로 하세요As You Like It』
에 나오는 이 유명한 구절은 인생의 본질을 연극에 빗댄다.

우리는 태어나는 순간 무대 위에 오르고, 다양한 역할을 맡아 살
아가며, 결국 다시 무대에서 내려온다. 누군가는 주인공으로 주목
받고, 누군가는 조연으로 조용히 스쳐 지나가지만, 누구도 무대 밖
에 설 수는 없다.

셰익스피어의 『뜻대로 하세요』는 사랑, 운명, 인간관계에 대한 유쾌하면서도 철학적인 질문을 던지는 희곡이다. 이야기는 권력 다툼으로 인해 숲으로 쫓겨난 인물들이 서로 얽히고설키는 관계 속에서 사랑과 정체성을 찾아가는 과정을 담고 있다.

주인공 로잘린드는 아버지의 추방으로 인해 숙부의 궁정에서 쫓겨나게 되고, 충직한 친구 셀리아, 광대 터치스톤과 함께 아덴의 숲으로 도망친다. 그곳에서 남장을 하고 자신의 정체를 숨긴 채 사랑과 삶에 대한 여러 가지 고민을 나누며 새로운 만남을 이어간다.

숲속에는 권력에서 밀려난 사람들, 사랑에 상처받은 이들, 삶에 회의적인 철학자들까지 다양한 인물이 각자의 사연을 안고 모여든다. 바로 이 아덴 숲에서 등장인물 자크는 유명한 독백을 남긴다.

"All the world's a stage."

(온 세상은 하나의 무대)

자크는 세상을 냉소적이고 허무하게 바라보는 인물로, 이 대사에서는 인생의 모든 순간과 인간의 역할들이 결국은 무대 위의 짧은 장면에 불과하다고 말한다. 그는 한 사람의 일생을 일곱 개의 시기로 나누어 묘사한다. 유아기, 학생기, 연애기, 군인기, 성숙기, 노년기, 그리고 마지막으로 '두 번째 유년기'라 불리는 죽음 직전의 상태까지. 자크의 독백은 결국 인간 존재의 덧없음과 삶의 무상함, 그리고 역할에 집착하는 인간의 어리석음을 풍자하고 있다.

이 독백은 우리가 인간관계를 바라보는 시각과도 절묘하게 맞닿아 있다. 서른이 되면 우리는 이미 여러 관계 속에서 수많은 '역할'을 경험하게 된다. 누군가에게는 좋은 친구, 누군가에게는 성실한 동료, 또 다른 누군가에게는 사랑스러운 연인으로 살아왔지만, 그 과정에서 때로는 진심 없이 웃어야 했고, 때로는 억지로 상냥해야 했던 순간들도 있었다.

셰익스피어가 자크의 입을 빌려 전하고자 했던 메시지는 명확하다. 결국 우리는 모두 이 무대 위에서 정해진 역할을 살아내야 하지만, 그 역할에 집착하거나 속지 말아야 한다는 것. 인간관계 역시 겉으로 보이는 배역에 휘둘리지 않고, 그 안에 담긴 진정성을 꿰뚫어 볼 수 있는 눈이 필요하다.

⋮

『리어왕』이 보여주는 인간관계의 비극

셰익스피어의 또 다른 대표작 『리어왕King Lear』은 '인생'이라는 무대에서 인간이 얼마나 허약하고, 때로는 얼마나 잔인할 수 있는지를 적나라하게 보여준다. 『뜻대로 하세요』가 인생에서의 다양한 역할을 유쾌하게 풍자했다면, 『리어왕』은 그 역할 이면에 숨겨진 배신과 상실의 아픔을 극단적으로 드러낸다.

리어왕은 세 딸을 향한 사랑과 신뢰를 스스로 무너뜨린다. 그는 노년에 접어들며 자신의 왕국을 세 딸에게 나누어 주기로 결심하고, 그 대가로 딸들의 사랑을 확인하려 한다.

리어왕은 딸들에게 "누가 나를 가장 사랑하는지 말로 증명하라"고 요구한다. 큰딸 고너릴과 둘째 딸 리건은 화려한 수사와 과장된 아첨으로 아버지의 마음을 사로잡는다. 반면, 막내딸 코델리아는 진심을 담은 솔직한 답변을 선택한다. 그녀는 말로 사랑을 과시하기보다는 조용히 행동으로 보여주겠다고 말하지만, 리어왕은 그 침묵과 절제를 거부하고 그녀를 쫓아낸다. 그리고 그의 선택은 돌이킬 수 없는 비극의 시작이 된다.

왕좌와 권력을 내려놓은 리어왕은 곧 자신이 신뢰했던 딸들에게 철저히 외면당하고 버려진다. 고너릴과 리건은 서로 권력 다툼을 벌이며 아버지를 정치적 도구로만 이용하고, 결국 리어왕은 모든 권위와 존엄을 잃은 채 광야에서 비를 맞으며 방황한다. 정신은 점차 흐려지고, 현실과 환상의 경계마저 무너진다. 그렇게 그는 비극적인 몰락의 길로 내몰린다.

이 이야기는 인간관계에서 우리가 얼마나 쉽게 겉모습에 속고,

듣기 좋은 말에 약해지는지를 보여준다.

셰익스피어는 『리어왕』을 통해 '진정한 사랑은 화려한 말이 아니라 묵묵한 헌신 속에서 드러난다'라는 메시지를 던진다. 그리고 더 근본적으로는 인간의 불안과 외로움을 지적한다. 리어왕의 결정은 결국 '사랑받고 싶은 욕구'와 '확신 받지 못할지도 모른다는 두려움'에서 비롯된 것이다.

현대인의 삶 또한 마찬가지다. 사회적 관계망 속에서 어느 정도 자리를 잡아야 한다는 압박감, 혼자가 될지도 모른다는 두려움, 주변 사람들의 인정과 애정을 확인하고 싶은 욕구가 교차한다. 직장에서는 동료나 상사에게 인정받기 위해 지나치게 애쓰고, 친구들 사이에서는 소외되지 않으려고 원치 않는 대화에 억지로 끼어들기도 한다. 연인 관계에서는 끊임없이 사랑의 증거를 요구하거나 상대의 감정을 시험하기도 한다. SNS 속에서는 더욱 그 불안이 극대화된다. '좋아요'의 수, 댓글의 반응, 누가 내 일상을 보고 있는지에 대한 집착은 결국 '나는 혼자가 아니다' '나는 사랑받고 있다'는 확신을 얻기 위한 몸부림이다. 리어왕이 딸들의 사랑을 말로써 확인하려 했던 것처럼, 우리 역시 끊임없이 외부의 인정과 관심을 통해 자신의 가치를 증명받으려 한다.

셰익스피어가 전하는 관계의 교훈

셰익스피어가 우리에게 던지는 메시지는 분명하다.

"인생은 무대이고, 우리는 그 위에서 다양한 역할을 맡아 살아가지만, 그 역할에 집착하거나 거짓된 관계에 속지 말라."

인간관계 속에서 우리는 때로 과장된 배역에 자신을 가두고, 다른 이의 아첨과 거짓을 진실로 오인한다. 사랑받고 싶다는 욕구와 혼자가 될까 두렵다는 불안은 우리로 하여금 진짜보다 가짜에 더 쉽게 기대게 만든다.

리어왕은 모든 것을 잃은 후에야 비로소 깨닫는다. 진정한 사랑은 화려한 언변이나 순간의 감정 표현이 아니라, 시간과 행동 속에서 조용히 드러나는 것임을. 그리고 자크의 독백처럼, 우리는 모두 잠시 무대에 머물다 사라질 배우일 뿐이라면, 더더욱 그 짧은 시간 동안 진실한 관계를 선택해야 하지 않을까.

우리 앞에 놓인 인간관계의 무대는 앞으로도 계속 펼쳐질 것이다. 때로는 주연으로, 때로는 조연으로, 그리고 때로는 전혀 예상치 못한 장면 속에서 새로운 역할을 맡게 될지도 모른다. 하지만 어떤 역할을 하든, 가장 중요한 건 무대의 화려함이나 박수가 아니라, 그 순간 내가 얼마나 진실한 마음으로 사람들과 마주하고 있는가이다.

언젠가 무대가 끝나고 조명이 꺼졌을 때, 우리 곁에 남아 있는 사람이 누구인지를 잊지 말자. 그것이 인간관계에서 우리가 끝까지 붙들어야 할 진실이다.

톨스토이의
『부활』

◆

용서와 화해의 미학

러시아의 대문호 톨스토이는 그의 소설 『부활Воскресение』을 통해 인간의 죄와 구원, 그리고 진정한 용서와 화해의 의미를 깊이 있게 탐구했다. 이는 단순한 문학적 상상이 아니라, 톨스토이 자신의 삶과 내면의 고뇌에서 비롯된 문제의식이었다.

톨스토이는 1828년 러시아의 툴라 지방에 위치한 대지주 가문에서 태어났다. 풍족한 생활을 누렸지만, 어린 시절 부모를 잃고 조부모와 친척들의 손에 자라면서 일찍부터 삶의 상실과 외로움을 경험했다. 청년기에는 모스크바와 카잔에서 법학과 동양어를 공부했지만, 학업에 큰 흥미를 느끼지 못하고 방황의 시기를 보냈다. 젊은 시절의 톨스토이는 술과 도박, 여성 편력에 빠져들며 방종적인 삶에

◆◆

대한 죄책감과 허무감을 반복적으로 느꼈다. 그가 후일 직접 회고한 바에 따르면, "그때 나는 겉으로 보기에는 유쾌하게 살았지만, 내면은 공허하고 무의미로 가득 차 있었다"고 말할 정도였다.

1851년, 톨스토이는 전쟁터에서 새로운 경험을 하게 된다. 러시아군에 입대하여 코카서스 전쟁과 크림 전쟁에 참전한 그는 죽음의 공포와 인간의 본능적 잔혹함, 그리고 전쟁터에서 벌어지는 삶과 죽음의 허망함을 목격하게 된다. 이 시기의 경험은 이후 그의 대표작인 『전쟁과 평화Война и мир』와 『부활』에서 인간 내면의 선악과 구원의 문제를 집요하게 파고들게 만든 중요한 계기가 된다.

결혼 후에도 그의 방황은 끝나지 않았다. 그는 대지주로서 막대한 토지와 재산을 소유했고, 문학적 명성도 세계적으로 높아졌으며, 사랑하는 아내와 아이들이 있는 가정도 꾸렸지만, 그런 외적 성공은 그의 내면을 채우지 못했다.

특히 50대 중반, 극심한 영적 위기에 빠진 그는 자주 이렇게 자문했다.

'나는 왜 사는가?'

'죽음 이후의 삶에는 어떤 의미가 있는가?'

'이렇게 많은 부와 명예를 가졌지만, 왜 나는 여전히 공허하고 불

안한가?'

그는 일상의 작은 일에도 이유 없는 불안과 공포를 느꼈고, 몇 차
례 심각한 자살 충동까지 겪는다. 이 시기에 그는 러시아 정교회, 철
학, 동양의 종교, 금욕주의 등 다양한 사상과 종교적 전통을 탐색하
며 삶과 죽음, 죄와 구원, 인간의 도덕적 책임에 대해 끝없는 고민을
거듭한다. 그 결과로 나온 것이 그의 종교적·도덕적 각성을 담은 저
서『참회록Исповедь』이고, 바로 그 고민의 연장선에서 집필된 작품
이『부활』이다.

❖

과거를 덮지 말고 마주하라

톨스토이의 영적 위기와 내면의 고뇌 속에서 탄생한 소설『부활』
은 단순한 사랑 이야기도, 법정극도 아니다. 이 작품은 '인간이 어떻
게 자신의 죄를 직시하고, 그 죄책감 속에서 어떻게 구원과 용서의
길로 나아갈 수 있는가?'와 같은 질문을 던진다.

소설의 주인공 네흘류도프는 귀족 청년 시절, 하녀였던 카츄샤를
유혹한 뒤 그녀의 인생을 나락으로 밀어 넣는다. 세월이 흐른 후, 그
는 배심원으로 법정에 출석한 자리에서 죄수로 전락한 카츄샤와 다

시 마주하게 된다. 그 순간, 네흘류도프는 자신이 과거에 얼마나 큰 상처를 남겼는지 깨닫는다. 그리고 그 깨달음은 그를 죄책감과 자기 성찰, 그리고 '내면의 부활'로 이끄는 긴 여정의 출발점이 된다.

『부활』은 말로만 하는 사과가 얼마나 무력한지, 그리고 진정한 용서와 화해가 얼마나 고통스러운 과정인지를 보여준다. 네흘류도프는 카튜샤를 돕기 위해 현실적인 노력을 시작하지만, 그 과정에서 자신의 위선과 이기심, 그리고 사회적 특권의 이면에 숨어 있던 죄의식을 정면으로 마주하게 된다. 그리고 그는 점차 깨닫는다. 진정한 화해는 단순한 행동의 변화로 이루어지지 않는다는 것, 먼저 자신을 변화시키고, 죄의 본질을 인정하며, 상대의 아픔에 깊이 공감할 때 비로소 시작된다는 것을 말이다.

이 과정은 우리에게도 낯설지 않다. 우리는 이미 누군가를 실망시켰거나, 상처 준 기억을 안고 살아가고 있다. 때로는 그런 과거의 실수 앞에서 변명하고, 책임을 회피하며 '이미 지난 일'이라며 덮어두려 하기도 한다. 하지만 톨스토이는 『부활』을 통해 말한다.

"과거를 덮는다고 상처가 지워지는 것이 아니다. 오히려 그 상처와 정면으로 마주할 때, 우리는 비로소 다시 시작할 수 있다."

가장 먼저 필요한 것은 자신의 잘못을 있는 그대로 인정하는 용기다. 사람은 누구나 실수를 한다. 하지만 그 실수를 정면으로 바라보고, 받아들이는 일은 생각보다 어렵다. 우리는 종종 자신을 방어하기 위해 과거의 행동을 합리화하거나 잊으려 한다. 그러나 진정한 변화는 그런 자기 합리화의 벽을 허무는 순간부터 시작된다.

'내가 잘못했다.'

이 짧지만 무거운 고백을 자기 자신에게 먼저 해야 한다. 내가 남긴 상처가 상대에게 어떤 흔적으로 남아 있는지, 그 사람이 얼마나 힘들었을지를 진심으로 상상하고 공감하려는 노력이 필요하다. 진정한 사과와 화해는 단순히 말을 건네는 것으로 끝나지 않는다. 상대가 겪은 감정의 깊이를 나의 언어와 행동으로 함께 짊어지려는 태도가 필요하다. 나아가 단순히 순간의 후회로 끝내지 않고, 앞으로의 삶에서 어떻게 행동할 것인지, 어떤 관계를 맺을 것인지에 대한 진지한 다짐과 실천이 필요할 것이다.

『부활』의 네흘류도프가 그랬듯, 과거의 잘못을 속죄하기 위해 한 사람의 인생 전체를 걸고 새로운 길을 선택하는 용기, 그것이야말로 진정한 부활의 시작이다.

◆◆

더 나은 내가 되기 위한 첫걸음, 자기 성찰

『부활』에서 네흘류도프가 보여준 가장 큰 변화는 바로 '자기 성찰의 용기'였다. 그는 과거의 잘못을 단순히 후회하는 데 그치지 않았다. 자신의 선택이 누군가의 삶에 어떤 파장을 일으켰는지, 그 책임에서 끝까지 도망치지 않고 직면하려 했다. 그리고 그 과정은 쉽지 않았다. 자신의 위선과 이기심, 무관심과 방관을 하나씩 들여다보는 일은 때로 그 어떤 형벌보다 더 고통스러웠다. 하지만 그 고통의 시간 속에서 그는 조금씩 변해갔다. 자신이 과거에 어떤 사람이었는지 직시할수록, 앞으로 어떤 사람이 되어야 할지에 대한 답도 또렷해졌기 때문이다.

자기 성찰이란 결국 '불편함을 회피하지 않는 태도'다. 자신의 모순과 이기심을 인정하고, 왜 그런 선택을 했는지, 그때 내 안에 어떤 두려움과 욕망이 있었는지 깊이 들여다보는 것, 그리고 그 과정에서 진심으로 바뀌고자 결심하는 것이다.

심리학에서 자기 성찰은 심리적 성장과 정서적 치유의 핵심 과정으로 강조된다. 심리학자 칼 로저스Carl Rogers는 이를 두고 '자기 수용self-acceptance'과 '자기 통찰self-insight'의 과정이라고 설명한다.

그는 "인간이 변화하기 위해서는 먼저 자신의 현재 모습을 왜곡 없이 받아들이는 태도가 필요하다"고 말한다. 내가 나를 있는 그대로 받아들이기 시작할 때, 변화는 시작된다.

정신건강 분야에서도 '감정 인식 능력'과 '내면 탐색'이 우울감이나 불안, 죄책감에서 벗어나기 위한 중요한 심리적 자원이라고 본다. 억눌린 감정과 회피된 기억은 무의식에 남아 계속해서 관계의 패턴을 왜곡시키고 자기 파괴적인 행동으로 표출되기 때문이다.

사실 우리는 매일의 삶 속에서 크고 작은 자기 성찰의 기회와 마주한다. 그럼에도 우리는 종종 그런 기회를 흘려보낸다. 감정을 덮어두거나, 상대의 잘못만 탓하거나, 바쁜 일상 속에 묻어버리기 쉽다. 그러나 자기 성찰을 회피할수록 같은 문제는 다른 모습으로 변주되어, 결국 우리 앞에 다시 나타난다. 이는 네흘류도프가 과거의 죄와 외면해 온 죄책감 때문에 끝내 법정에서 카츄샤와 다시 마주하게 된 것과 같다.

자기 성찰은 완벽해지기 위한 과정이 아니다. 오히려 나의 불완전함을 인정하고, 그 안에서 조금씩 더 나은 방향으로 나아가기 위한 지속적인 선택이다. 때로는 용기가 필요하고, 때로는 시간이 필요하다. 하지만 그 과정을 겪고 나면, '나는 변할 수 있다' '나는 더 나은 내가 될 수 있다'라는 내적인 확신이 조금씩 자라난다.

우리는 이제 그런 성찰의 순간 앞에서 주저하지 말아야 한다. 과거의 상처와 실수로부터 도망치지 않고, 지금 이 자리에서 더 나은 내가 되기 위한 첫걸음을 내디뎌야 한다.

사람은 남기고,
관계를 바꾸는 고전의 지혜

프로이트의
'가족 심리'

지그문트 프로이트Sigmund Freud는 오스트리아의 신경학자이자 현대 심리학의 가장 큰 전환점을 만든 정신분석학의 창시자다. 그는 인간의 내면을 지배하는 무의식의 세계에 주목하며, 인간의 행동과 감정이 단순한 이성적 판단 때문에 결정되는 것이 아니라, 무의식 속에 억눌린 본능적 욕망과 과거의 심리적 경험에 의해 좌우된다고 주장했다.

프로이트는 당시로서는 혁명적이었던 '자유연상free association' '꿈 분석dream analysis' '전이transference' 개념 등을 통해 인간 심리의 은밀한 영역을 밝혀내려 했다. 그의 대표적인 이론인 '정신구조 이론id, ego, superego' '심리 성적 발달단계' 그리고 무엇보다 '오이디푸

◆◆

스 콤플렉스' 개념은 오늘날까지도 심리학, 정신분석학, 문화이론, 문학비평 등 다양한 분야에 지대한 영향을 끼치고 있다.

　프로이트 심리학의 핵심은 인간의 행동과 감정이 의식적으로 인식되지 않는 무의식 속에 억눌린 경험과 욕망에 의해 결정된다는 점이다. 그는 인간의 내면세계가 빙산과 같다고 보았다. 우리가 자각할 수 있는 의식은 수면 위에 드러난 아주 작은 부분일 뿐이고, 그 아래 더 크고 깊은 무의식의 세계가 존재한다고 설명했다. 그리고 이 무의식의 대부분은 바로 어린 시절의 가족 관계 속에서 형성된 감정과 경험으로 채워져 있다고 주장했다.

　프로이트는 상담을 통해 수많은 환자의 심리적 고통을 분석하면서, 그 고통의 뿌리가 대부분 어린 시절 부모와의 관계에서 비롯된 것으로, 억압된 욕망, 상처, 해결되지 않은 갈등임을 발견했다. 그는 무의식 속에는 아이가 부모를 향해 느꼈던 애착, 두려움, 질투, 분노 같은 원초적 감정이 그대로 저장되어 있으며, 성인이 된 후에도 그 기억들은 완전히 사라지지 않고 다양한 형태로 행동과 감정에 영향을 준다고 보았다.

　특히 프로이트는 어린 시절 부모와의 상호작용에서 형성된 애착의 방식, 갈등을 다루는 패턴, 사랑받기 위한 전략 등이 그대로 무의식에 각인되어 이후의 인간관계에서도 반복된다고 보았다. 예를 들어, 과도하게 비판적인 부모 밑에서 자란 사람은 자기도 모르게 자신을 끊임없이 비난하거나, 타인의 비판에 과민하게 반응할 수 있다. 또는 어릴 적 부모의 관심을 받기 위해 과장된 행동이나 순종적 태도를 보였던 아이는, 성인이 되어도 비슷한 방식으로 사람들의 관심을 얻으려 하는 경우가 많다.

프로이트가 강조한 것은 이런 심리적 패턴들이 의식적 선택의 결과가 아니라, '무의식적으로 자동 반복되는 심리적 방어기제의 결과'라는 점이다. 그래서 그는 환자들에게 자신의 무의식 세계를 탐색하고, 억눌린 기억과 감정을 의식화하는 작업, 즉 '자기 분석'을 통해 그 영향에서 벗어나길 권했다.

"우리는 왜 그런 방식으로 사랑하고, 왜 반복적으로 같은 갈등에 빠지는가?"

그 질문의 답은 종종, 어린 시절 가족 안에서 만들어진 무의식적 경험들 속에 숨어 있다는 것이 프로이트 심리학의 본질이다.

'가족'이라는 첫 번째 심리적 무대

프로이트의 심리학에서 '가족'은 단순한 생활환경이나 사회적 단위가 아니다. 그것은 인간이 처음으로 사랑하고, 갈등하고, 상처받고, 배워가는 첫 번째 심리적 무대다. 우리가 세상과 관계 맺는 방식을 처음 익히는 시스템이 바로 가족이다. 사랑받는 법, 기대에 부응하는 법, 거절당했을 때의 감정 처리 방식, 분노를 표현하거나 억누르는 습관 모두가 가족 관계에서 처음 학습된다.

프로이트는 '가족'이야말로 무의식적 욕망과 심리적 갈등이 처음으로 작동하는 훈련장이라고 보았다. 부모의 인정과 애정을 얻기 위해 우리는 때로 순종적으로 되거나, 반항하거나, 때로는 아픈 감정을 억누른다. 이 과정에서 형성된 '애착 유형attachment style' '자기 방어기제defense mechanisms', 그리고 '자아 형성의 초기 패턴'은 성인이 되어서도 끊임없이 반복된다.

특히 '애착 이론'은 현대 심리학에서도 가족 심리와 인간관계를 이해하는 핵심 개념으로 자리 잡고 있다. '애착 이론'은 원래 아동 심리학자 존 볼비John Bowlby에 의해 체계화되었지만, 그 뿌리는 프로이트의 초기 정신분석 이론에 기반하고 있다.

'애착 이론'에 따르면, 우리는 어린 시절 부모와 맺은 애착 경험을 바탕으로 '안정형' '회피형' '불안형' '혼란형'과 같은 다양한 애착 유형을 발달시킨다. 안정형 애착을 가진 사람은 타인과의 관계에서 신뢰를 쌓고 감정을 건강하게 표현할 수 있지만, 불안형 애착을 가진 사람은 상대의 관심을 끊임없이 확인하려 하거나 버림받을까 두려워 지나치게 집착하게 된다. 반면 회피형 애착을 지닌 사람은 감정 표현에 서툴고, 친밀한 관계에서 거리를 두려는 경향을 보인다. 이런 애착 유형은 단순히 '성격 차이'로 보기 어렵다. 그 뿌리는 어린 시절 부모와의 상호작용, 양육 태도, 사랑받았던 방식과 거절당했던 기억 속에 깊이 자리 잡고 있다.

우리는 여전히 누군가의 인정에 목말라하거나, 자신을 방어하기 위해 감정을 억누르거나, 친밀감을 두려워하는 모습을 발견하게 된다. 이 모든 관계의 패턴은 결국 어린 시절의 '애착 경험'이 지금의 나를 어떻게 만들었는지를 직면하고 이해할 때 조금씩 바뀌기 시작한다.

결국 '애착 관계를 이해한다는 것'은 내 가족 관계를 이해하고, 그 속에서 만들어진 나의 관계 습관을 바꿔가는 첫걸음이 된다. 그리고 그 이해의 시작점은 바로, 과거의 나를 솔직하게 들여다보는 '자기 성찰'이다. 어릴 적 부모의 비판에 민감하게 반응했던 사람은 직장에서 상사의 평가에 과도하게 흔들리기도 하고, 어릴 적 감정 표현을 억눌러야 했던 사람은 연인과의 갈등에서도 여전히 자신의 감정을 표현하는 데 서툴다.

가족이라는 시스템은 한편으로는 안정과 사랑의 원천이지만, 다른 한편으로는 억압과 상처의 근원이 되기도 한다. "가족이 완벽해야 할 필요는 없지만 그 안에서 형성된 심리적 흔적을 인식하고 이해해야 우리는 그 영향에서 자유로워질 수 있다"라는 것이 프로이트가 전하고자 하는 통찰이었다.

⁝

가족의 무대를 넘어,
내 삶의 무대를 새롭게 만들기 위해

'가족'이라는 첫 번째 심리적 무대에서 우리는 이미 많은 것을 배웠다. 그 무대가 안정적이든, 불안정적이든 사랑으로 가득했든, 상처로 얼룩졌든 상관없다. 중요한 것은 이제 그 경험을 어떻게 바라보고, 어떻게 새롭게 재해석하며, 앞으로의 삶에 어떤 선택을 할 것인가다.

프로이트의 심리학은 우리에게 이렇게 말한다.

"과거는 바꿀 수 없지만, 과거가 현재와 미래를 지배하도록 내버
려둘 필요는 없다."

어린 시절 가족 안에서 만들어진 나의 애착 스타일, 감정 처리 방식, 갈등 회피 습관은 무의식적인 자동 반응일 뿐이다. 하지만 그것을 '알아차리는 순간', 우리는 더 이상 그 패턴의 노예에서 벗어날 수 있다. 우리는 이미 두 번째 무대 위에 올라와 있다. 이제는 내가 어떤 인간관계를 만들 것인지, 어떻게 사랑하고, 어떻게 갈등을 풀어나갈 것인지, 내 방식대로 선택할 수 있다. '내가 부모에게서 받은 방식 그대로 살 것인가, 아니면 내가 원하는 방식으로 새롭게 살아갈 것인가'라는 질문에 답해야 할 시간이다. 때로는 어릴 적 부모가 해주지 않았던 위로를 자신에게 건네야 할 때도 있고, 과거 가족과의 상처를 반복하지 않기 위해 일부러 더 솔직하게 감정을 표현해야 할 때도 있다.

'가족'이라는 무대에서의 배역은 이미 끝났지만, 인생이라는 더 큰 무대에서는 아직 수많은 장면이 남아 있다. 과거를 이해하는 것은 과거에 머물기 위함이 아니다. 지금 이 순간부터 더 건강하고 자유로운 나로 살아가기 위한 출발점이다.

루소의
『사회계약론』

∶
소통의 기술

"인간은 자유롭게 태어났으나, 어디서나 사슬에 묶여 있다."

장 자크 루소Jean-Jacques Rousseau의 이 말은 단순한 이론적 선언이
아니라, 그의 삶 전체에서 우러나온 깊은 통찰이다. 루소 자신은 평
생 '자유'와 '사회적 구속' 사이의 갈등을 온몸으로 겪은 인물이었다.

루소는 1712년 스위스 제네바에서 태어났다. 어린 시절 어머니
를 일찍 여의고, 불안정한 가정환경 속에서 성장했다. 열 살 무렵에
는 아버지마저 떠나게 되면서, 어린 시절부터 지속적인 소외감과
불안정한 애착 경험을 겪었다. 이러한 유년기의 상실감과 외로움은
훗날 그가 쓴 자전적 저작 『고백록』과 『에밀』, 그리고 『사회계약론』

3장   사람은 남기고,   **175**
                관계를 바꾸는 고전의 지혜

곳곳에서 드러난다.

청년기 루소는 다양한 직업과 도시를 전전하며 방황했다. 제네바를 떠나 파리와 리옹 등지에서 하급 서기, 음악 교사, 작곡가, 작가로 떠돌았고, 사회적 인정과 경제적 안정 없이 계속해서 '소속되지 못하는 삶'을 살았다. 그는 당시 파리 사교계의 지식인들과도 자주 부딪혔다. 자신의 철학적 신념과 타협하지 않는 성격 때문에 점점 더 외로운 지식인으로 고립되었다.

이러한 개인적 외로움과 사회적 배제의 경험은 루소가 '사회적 계약'이라는 개념에 매달리게 된 중요한 배경이 된다. 그는 자신이 직접 겪은 소외, 불평등, 인정받지 못하는 인간관계의 아픔을 바탕으로, 사람들이 어떻게 하면 더 평등하고 자유롭게 살아갈 수 있을지에 대한 근본적 해답을 모색했다.

루소가 『사회계약론』에서 주장한 "인간은 자유롭게 태어났으나, 어디서나 사슬에 묶여 있다"라는 말은 단순히 국가 권력에 대한 비판만이 아니다. 그것은 자신의 어린 시절부터 겪어온 심리적 구속과 사회적 소외에 대한 고백이자, 모든 인간관계 속에서 느끼는 '자유의 상실감'에 대한 근본적 문제의식이었다.

우리가 인간관계 속에서 느끼는 불안, 억압, 그리고 소통의 단절도 어쩌면 루소가 살았던 인생의 작은 축소판일지 모른다. '자유로운 존재이지만 끊임없이 관계의 사슬에 얽혀 있는 존재', 그것이 루소가 살았던 삶의 본질이었고, 그가 평생에 걸쳐 풀고자 했던 화두였다. 그리고 이 통찰은 오늘날 우리에게도 여전히 유효하다. 많은 현대인이 마치 외부 환경이나 타인의 기대 때문에 억눌려 있다고 느끼지만, 정작 들여다보면 자신을 사슬에 묶고 있는 경우가 많다.

누군가는 타인의 인정과 평가에 지나치게 민감하게 반응하고, 또 누군가는 '좋은 사람'이라는 이미지를 지키기 위해 자신의 감정과 욕구를 억누른다. 또 다른 누군가는 사회적 성공과 성취라는 이름 아래, 자신을 끝없이 몰아붙이면서 '자유롭게 살 권리'를 스스로 제한한다. SNS에서 '좋아요' 수에 집착하거나, 주변 사람들과의 비교 속에서 끝없이 자신을 검열하고 평가하는 모습도 결국은 '자기 자신이 만들어낸 심리적 사슬'의 한 형태다.

루소가 말했던 '자유'란, 단순히 외부 억압으로부터의 해방만을 의미하지 않는다. 그것은 '내 안에 있는 보이지 않는 사슬들', 즉 타인의 시선, 사회적 기준, 내면화된 불안과 두려움으로부터의 해방을 의미한다.

루소의 사회계약, 소통의 새로운 기준

타인의 시선과 스스로에 대한 과도한 기대 속에서 억눌린 감정은 결국 소통의 왜곡으로 이어진다. 겉으로는 웃고 있지만 속으로는 불편하고, 많은 말을 하지만 정작 진심은 숨긴 채 살아가는 경우가 많다. 우리는 '갈등을 피하기 위해' 혹은 '좋은 사람으로 보이기 위해' 진짜 감정을 표현하지 못하고, 마음속에서 하고 싶은 말들을 삼키며 산다. 그 결과, 관계는 점점 피상적이고 형식적인 소통에 머무르게 된다. 상대의 말에 맞장구치지만 내 의견은 숨기고, 오해가 쌓여도 괜히 분위기를 망칠까 침묵으로 일관하며, 그러다 어느 순간 감정의 골이 깊어져 되돌리기 어려운 지점까지 가기도 한다.

루소의 『사회계약론』에서 말하는 '사회계약'은 단순히 정치적 제도의 약속이 아니다. 그것은 '개인과 공동체 간의 신뢰에 기반한 약속'이며, 서로 다른 의견과 욕구가 모여 공동의 선을 만들어가는 과정이다. 이 개념은 현대 사회의 소통 문제에도 깊은 시사점을 던진다. 우리는 각자 다른 배경, 가치관, 욕망을 가지고 살아가지만, 그 다양성 속에서도 함께 살아가기 위해 반드시 필요한 것이 바로 '진정성 있는 소통'이다.

현대 사회의 많은 갈등은 서로의 차이를 인정하지 않고, 상대의 입장을 왜곡하거나, 자신의 의견만 강요하는 소통 부재에서 비롯된다. 루소는 '진정한 사회적 합의'란 '자신의 욕구를 솔직하게 표현하면서도, 상대의 욕구와 입장을 이해하려는 노력' 위에서만 가능하다고 보았다. 이는 오늘날에도 그대로 적용된다. 직장에서는 단순히 업무 지시나 보고를 넘어, 서로의 입장과 한계를 이해하는 대화가 필요하고, 친구 관계나 연인 사이에서도 '내가 원하는 것'을 말하는 용기와 동시에 '상대가 원하는 것'을 들으려는 태도가 절실하다.

특히 루소가 강조한 '일반 의지general will'라는 개념은 우리가 인간관계에서 추구해야 할 소통의 방향성을 보여준다. 단순한 타협이나 피상적 합의가 아니라, 서로의 욕구와 감정을 바탕으로 진심 어린 대화 끝에 찾아낸 '함께 잘 살기 위한 최선의 해답'을 만들어가는 것. 결국 루소가 꿈꿨던 건강한 사회는, 억지로 강요된 침묵 속에 유지되는 것이 아니라, 서로의 목소리가 솔직하고 자유롭게 오가는 관계 속에서 실현된다.

지금 우리의 인간관계도 마찬가지다. 억눌린 말들로 쌓여가는 불안과 답답함을 풀어내기 위해서는 '진짜 대화'가 필요하다. 그 첫 시작은, 내 안의 목소리를 솔직하게 꺼내놓고, 상대의 목소리에 귀 기울이는 작은 용기에서 비롯된다.

진정한 소통은 공동의 이익을 위한 노력이다

루소가 『사회계약론』에서 강조한 핵심 가치는 바로 '공동의 이익'과 '공공의 복지'였다. 그는 사회가 건강하게 유지되기 위해서는 개인의 이기적 욕망이 아니라, 모두가 함께 잘 살기 위한 공통의 목표가 필요하다고 보았다.

루소는 인간이 본래 자유롭고 평등하게 태어났지만, 사회가 형성되면서 불평등과 억압이 시작되었다고 보았다. 그가 규정한 '건강한 사회'는 힘의 논리나 소수의 특권층을 중심으로 작동하는 체제가 아니라, 사회 구성원 모두의 행복과 안전, 나아가 인간으로서의 존엄성을 제도적으로 보장하는 시스템을 의미한다. 그리고 루소가 주장한 '공동의 이익'은 단순히 다수의 의견이 아니라, 사회 전체가 장기적으로 지속 가능한 행복과 정의를 누릴 수 있는 방향을 뜻한다. 여기서 등장하는 개념이 바로 '일반 의지'다. 단순한 여론이나 다수결의 합이 아니라, 사회 전체의 공통 '선善'을 향한 집단적 합리성이다.

루소는 개인의 사적 이익과 구별되는 이 공공의 선을 위해 개인이 자유의 일부를 양보하고 서로 협력해야 한다고 강조했다. 이런 맥락에서 '공공의 복지'는 모든 시민이 자유롭고 평등하게 살아갈 수 있는 조건을 만들자는 것이다. 그것은 특정 집단의 이익을 위한 타협이 아니라, 공동체 전체의 행복과 안전, 권리 보장을 위한 합의적 목표다. 루소는 이를 위해 개인들이 서로 진정성 있는 소통과 토론을 거쳐 사회적 합의를 이루어야 한다고 주장했다.

현대의 인간관계도 마찬가지다. 진정한 소통은 단순히 내 감정을 표현하거나 내 입장만 주장하는 것이 아니라, 나와 상대방, 그리고 그 관계가 장기적으로 어떻게 더 건강하게 유지될 수 있을지를 함께 고민하는 것이다. 직장에서는 공동의 목표를 위해, 친구나 연인 사이에서는 서로의 행복을 위해, 가족 안에서는 모두의 정서적 안정과 성장이라는 '공공의 복지'를 위해 우리는 더 나은 소통 방식을 선택해야 한다. 갈등을 회피하거나 억누르는 것이 아니라, 서로의 다름을 존중하며 최선의 해결책을 함께 찾아가는 것. 그것이야말로 루소가 말했던 '공동의 이익'이 현대 사회의 인간관계 속에서 구현되는 방식이다.

4장

◆

작지만 확실한 행복으로
살아가는 법

장자의
〈소요유〉

단순함에서 오는 행복

    장자는 중국 전국시대 송나라의 작은 도시 몽蒙 출신이다. 현재의 하남성 상구현商丘縣 일대로 추정되는 이곳은 그 당시에도 정치적 중심지라기보다는 시골에 가까울 만큼 한적했다. 이러한 출신 배경은 장자의 철학과 삶의 태도에 깊은 영향을 미쳤다.

    장자의 생애에 대한 구체적인 기록은 매우 드물다. 『사기史記』의 〈열전列傳〉에 실린 몇 가지 단편적인 일화와 『장자』라는 저서 속에 드러난 간접적 서술이 우리가 알 수 있는 전부다. 하지만 이런 부족한 기록에도 불구하고 후대 사가들과 철학자들은 한 가지 사실에서는 의견이 일치했다. 장자는 '권력과 부귀영화에 관심이 없는 인물'이었다는 것이다. 그의 삶은 가난했지만 독립적이었다. 장자는 젊

4장   작지만 확실한 행복으로   185
                    살아가는 법

은 시절 송나라의 칠원漆園이라는 지역에서 칠을 담당하는 하급 관리로 일했다고 전해진다. 이는 공무원이었지만 아주 낮은 지위, 즉 생계를 간신히 유지할 수 있을 만큼의 보수를 받는 자리였다. 그는 그 적은 수입으로 책을 읽고 글을 쓰며, 자신의 사유의 세계를 넓혀 갔다.

장자는 살아가는 동안 몇 차례 관직에 나설 기회를 얻었다. 그러나 그는 그때마다 단호하게 거절했다. 그가 세속의 명예와 권력을 어떻게 바라보았는지를 단적으로 보여주는 대표적인 이야기가 바로 초나라 왕의 초빙 거절 사건이다.

당시 초나라는 강대국으로, 많은 학자와 지식인이 그곳에서 관직을 얻어 출세의 길을 걷고자 했다. 초나라 왕도 장자의 명성을 듣고 그를 궁중으로 불러 높은 자리를 맡기려 했다. 장자에게 제안된 자리는 단순한 하급 관리직이 아니었다. 나라의 정사를 책임지는 상경相卿, 즉 오늘날로 치면 국무총리에 해당하는 막중한 자리였다.

왕은 직접 사신 두 사람을 장자의 고향으로 보냈다. 사신들은 장자를 찾아가 그가 가진 지혜와 덕망을 칭송하며 이렇게 말했다. "왕께서 선생의 명성을 들으시고, 초나라의 국정을 맡아달라 하십니다. 상경의 자리가 비어 있으니 부디 와주시기 바랍니다."

그러나 장자는 매력적인 제안 앞에서 조금의 흔들림도 보이지 않았다. 그는 사신들에게 이렇게 물었다.

"초나라 왕궁 안에 오래된 거북 한 마리가 있다는 사실을 알고
있소?"

사신들은 그렇다고 대답했다. 장자는 이렇게 말했다.

"그 거북은 죽어서 천 년 동안 왕궁에 모셔지고 있다고 들었소.
하지만 나는 차라리 진흙탕 속에서 꼬리를 끌며 살아가는 것을
택하겠소. 비록 남루하고 가난할지라도, 나는 내 뜻대로 자유롭
게 살고 싶소. 그러니 돌아가시오."

이 짧은 대화 속에는 장자의 삶의 태도가 고스란히 담겨 있다. 그
는 권력의 달콤한 유혹에도 흔들리지 않았다. 화려한 궁궐, 높은 지
위, 남들의 부러움을 살 명예보다도 자신의 자유와 소박한 일상, 그
리고 세속적 가치에 휘둘리지 않는 삶의 독립성을 더 소중하게 여
겼다.

나만의 길을 걷는다는 것

장자의 이런 선택들은 단순한 고집이나 특이한 성격 때문이 아니었다. 그것은 삶에 대한 깊은 통찰과 분명한 가치관에서 비롯된 태도였다. 장자에게 있어 인생은 누군가가 정해준 길을 따라가는 것이 아니었다. '어떻게 살 것인가'를 스스로 묻고, 스스로 답하는 과정이었다.

그가 거절한 것은 단순한 관직이 아니었다. 타인의 시선과 사회적 기준, 그리고 외부에서 강요되는 성공의 정의였다. 그는 남들이 부러워하는 지위에 올라가기 위해 자신의 신념과 자유를 저버리는 삶을 절대 선택하지 않았다. '남들이 원하는 내가 아니라, 내가 원하는 나'로 살아가겠다는 선언이었다.

장자는 자신의 욕망과 외부의 유혹을 끊임없이 구분해 내는 사람이었다. 그는 무엇이 진정으로 자신에게 중요한지, 무엇이 그저 사회가 부여한 허상인지 명확히 꿰뚫어 보았다. 그래서 가난 속에서도 자족할 수 있었고, 홀로 있는 삶에서도 외롭지 않았다.

장자는 외부의 시선에 휘둘리지 않았다. 그는 '자쾌自快', 즉 스스로 만족하고 스스로 기쁘게 여기는 마음의 태도를 강조했다. 남들이 칭찬하지 않아도, 사회적 성공이 눈앞에 없어도, 그는 자신의 선택과 삶에 대해 자족할 수 있었다. 여기서 말하는 '자쾌'는 오늘날 우리가 말하는 '자존감'이나 '내적 만족감'과는 조금 다르다. 그것은 외부 조건과 무관하게, 자신을 존중하고 자신의 길에 대해 긍정하는 존재로 살아가는 태도였다.

장자의 철학에서 중요한 것은 '내가 내 삶의 입법자'가 되는 것이었다. 이는 단순히 '하고 싶은 대로 하고 산다'는 의미가 아니다. 그것은 내 삶의 기준과 원칙을 외부에서 가져오지 않고, 스스로 사유하고 선택하여 만들어낸다는 의미였다.

장자는 인간이 흔히 범하는 오류를 타인의 기대와 사회적 규범을 비판 없이 내면화한 채 살아가는 데서 찾았다. 사람들은 종종 '남들이 옳다고 하는 것'을 옳다고 믿고, '사회가 성공이라고 규정한 것'을 좇으며, 자신의 욕망조차 외부의 시선에 의해 조정된다는 사실을 자각하지 못한다. 장자가 말한 '내 삶의 입법자'로 산다는 것은 이 모든 외부 기준에서 벗어나 나만의 사유를 통해 내 삶의 방향과 행동의 원칙을 스스로 정립하는 것이다. 그에게 삶은 '미리 정해진 답안지'를 따라 사는 것이 아니었다. 오히려 '스스로 질문을 만들고, 스스로 답을 써 내려가는 과정'이었다.

장자가 꿈꾼 '소요유'의 세계

장자가 말한 삶의 최종 지향점은 단순히 '가난 속의 자족'이나 '남과 다른 길을 선택하는 용기'에 그치지 않는다. 그의 철학은 그보다 훨씬 더 넓고 깊은 세계를 향해 나아간다. 바로 '소요유逍遙遊' '구속 없는 자유로운 유영'의 경지다.

『장자』의 첫 번째 편인 〈소요유〉는 장자가 생각한 궁극의 자유, 그리고 삶에 대한 궁극적 태도가 가장 잘 드러나는 장이다. 이 편에서 장자는 '붕새鵬'의 이야기로 시작한다. 붕새는 평범한 작은 새들과는 비교할 수 없는 존재다. 수천 리 높이로 날아올라, 대륙을 넘어 대양을 건너며, 거대한 하늘을 유영한다. 장자가 그린 이 이미지 속에는 중요한 메시지가 담겨 있다.

> "너무 낮은 곳에 머물러 있으면, 넓은 세상을 보지 못한다. 사소한 비교와 경쟁에 매몰된 마음으로는 결코 자유롭게 날 수 없다."

장자는 우리 각자가 '자신만의 하늘'을 가져야 한다고 말한다. 자신이 설정한 좁은 기준, 남과의 비교, 사회적 잣대에 갇힌 삶은 작은 연못 속에서 헤엄치는 물고기와 같다. 그 연못이 아무리 안전해 보여도, 그곳엔 진정한 자유가 없다. '소요유'란 자신의 마음을 넓히고, 세상의 크기를 새롭게 인식하는 과정'이다. 무책임한 방랑이나 현실 도피가 아니다. 내면의 여유와 거리감, 그리고 내가 진정 누구인지를 알아가는 깊은 자각의 과정은 우리로 하여금 삶의 한가운데서도 자유롭게 유영할 수 있게 도울 것이다.

붓다의
'사성제'

:

삶은 고통인가 축복인가

붓다, 본명은 고타마 싯다르타 Gautama Siddhartha. 그는 기원전 6세기경 인도의 작은 왕국, 샤카족의 왕자로 모든 것을 가지고 태어난 사람이었다. 넓은 궁전, 풍족한 생활, 세상의 어떤 부족함도 모르는 어린 시절을 보냈다. 부모는 그가 세상의 고통을 마주하지 않도록 온갖 보호 속에서 길러냈다. 그러나 청년이 된 싯다르타는 어느 날 궁궐 밖에서 병든 사람, 늙은 사람, 죽은 사람, 그리고 마지막으로 수행자를 마주하게 된다. 여기서 그는 깨닫는다.

"아무리 많은 부와 권력을 가져도, 인간은 결국 늙고, 병들고, 죽는다."

이 충격은 그의 삶을 완전히 바꿨다. 왕자의 삶을 버리고 출가한 그는 오랜 수행 끝에 보리수 아래에서 깊은 깨달음에 이른다. '삶은 괴로움이다'라는 가장 본질적인 진실이다. 그는 삶의 괴로움을 피하거나 부정하는 대신, 그 괴로움의 원인을 밝히고, 그것을 극복할 수 있는 길을 찾았다. 바로 여기서 불교의 핵심 가르침인 '사성제四聖諦'가 탄생한다.

불교가 궁극적으로 추구하는 목표는 단순히 '고통의 인식'에 머무르지 않는다. 그 끝에 있는 것은 바로 '괴로움의 소멸', 그리고 '참된 행복'이다. 붓다는 인간 존재의 본질이 괴로움에 놓여 있음을 인정했지만, 동시에 그 괴로움이 끝날 수 있다는 가능성을 분명하게 제시했다.

고통을 직시하는 이유는 그것에 영원히 머물기 위해서가 아니었다. '왜 아픈지 알아야 비로소 치유가 시작된다'는 것처럼, 고통의 원인을 이해하고, 그 뿌리를 제거할 때 비로소 인간은 평온과 자유를 얻을 수 있다.

⁝

사성제, 오늘 우리의 삶에 묻다

사성제는 붓다가 오랜 고행과 사유 끝에 얻어낸, 삶에 대한 아주 솔직한 고백이자 통찰이었다. 그가 깨달은 진실은 단순했다. 그리고 그 단순함 속에 놀라울 만큼 깊은 지혜가 담겨 있었다.

"이 세상은 괴로움으로 가득하다. 그 괴로움에는 분명한 원인이 있다. 그 원인을 없애면 괴로움도 사라질 수 있다. 그리고 그곳으로 가는 길은 존재한다."

이것이 바로 사성제, 네 가지 성스러운 진리였다.

첫 번째 진리인 '고苦'에서 붓다는 삶, 그 자체가 고통임을 인정한다. 누구도 이 고통에서 완전히 자유로울 수 없다. 사랑하는 것을 잃는 아픔, 원하는 것을 얻지 못하는 좌절, 이미 가진 것조차 언젠가 사라질까 두려워하는 마음. 우리가 매일 마주하는 크고 작은 불안과 슬픔, 그 모든 감정이 결국 고통의 다른 얼굴이다. 심지어 행복한 순간마저도 언젠가 끝날 것이라는 예감이 우리를 불안하게 만든다.

두 번째 진리인 '집集'에서 붓다는 그 고통의 원인이 무엇인지를 밝힌다. 그는 그 답을 욕망과 집착에서 찾았다. 더 많이 가지려는 마음, 오래 붙잡으려는 마음, 변하지 않기를 바라는 마음, 이미 지나간 것을 되돌리고 싶어 하는 마음. 이 모든 갈망이 결국 괴로움을 키운다. 우리는 늘 '지금 이대로는 부족하다'고 느낀다. 조금 더 나아가야 하고, 더 가져야 하고, 더 완벽해야 한다고 자신을 몰아붙인다.

그 과정에서 우리는 현재를 충분히 누리지도 못한 채, 미래에 대한 불안과 과거에 대한 미련 속에서 끊임없이 흔들린다. 하지만 붓다는 절망 대신 희망을 이야기한다.

그것이 세 번째 진리, '멸滅'이다. 고통은 영원한 것이 아니며, 그 원인을 제거하면 괴로움도 사라질 수 있다. 욕망과 집착을 내려놓을 수 있다면, 우리는 더 이상 고통에 휘둘리지 않을 수 있다. 그 자리에 찾아오는 것은 조용한 평온, 그리고 흔들리지 않는 마음의 자유다. 붓다가 말한 '멸'은 단순한 감정의 소멸이 아니라, 내면 깊숙한 곳에서부터 오는 해방과 깨달음의 상태였다. 그렇다면 어떻게 그곳으로 갈 수 있을까?

네 번째 진리, '도道'는 그 해답을 담고 있다. 붓다는 '길'을 제시했다. 그것은 말뿐인 위로나 막연한 교훈이 아니었다. 구체적이고 실천 가능한 여덟 가지 길, 바로 팔정도八正道였다.

정견正見 바르게 보기

정사유正思惟·**정사**正思 바르게 생각하기

정어正語 바르게 말하기

정업正業 바르게 행동하기

정명正命 바르게 생활하기

정정진正精進·**정근**正勤 바르게 정진하기

정념正念 바르게 깨어 있기

정정正定 바르게 집중하기

삶을 대하는 태도, 생각하는 방식, 말하고 행동하는 습관, 지금이 순간을 바라보는 시선, 그리고 마음을 다스리는 방법 등 이 여덟가지 길은 단번에 완성될 수 있는 것이 아니지만, 매일 조금씩 실천하다 보면 서서히 우리의 삶을 변화시킨다. 그 모든 과정이 조금씩, 그러나 분명하게 우리를 고통의 자리에서 평온의 자리로 이끌어주는 것이다.

사성제는 이처럼 단순한 이론이 아니라, 고통을 마주한 한 인간의 깊은 고민과 그로부터 길어 올린 실천적 지혜였다. 그리고 그 지혜는 오늘날 우리에게도 여전히 유효하다.

고통은 과연 축복이 될 수 있을까?

고통은 그 자체로 두렵고 피하고 싶은 것이다. 우리는 아프지 않기 위해 애쓰고, 슬픔을 감추려 하고, 실패를 인정하지 않으려 한다. 고통 없는 삶을 꿈꾸며, 어떻게든 그것을 회피하려 한다. 불교에서 고통은 단순한 불행이 아니다. 그것은 깨어남의 시작, 자기 자신을 들여다보게 하는 통로다. 만약 삶에 단 한 번의 상실도, 한순간의 실패도 없었다면 우리는 지금의 나를 돌아볼 기회조차 얻지 못했을 것이다. 괴로움은 우리를 멈춰 서게 하고, 스스로 묻게 만든다.

사성제의 가르침은 말한다. 고통을 없애려 하기보다, 그 고통을 통해 나 자신을 이해하라. 그 속에 숨겨진 집착과 두려움을 발견하고, 그것을 놓아줄 때 우리는 비로소 조금 더 가벼워질 수 있다. 삶에서 고통을 완전히 없앨 수는 없다. 하지만 그 고통을 대하는 태도는 선택할 수 있다. 붓다는 우리에게 그 선택의 가능성을 알려주었다.

어쩌면 고통은 우리 삶에 주어진 가장 불편하지만 소중한 선물일지도 모른다. 지금 당신이 겪고 있는 그 아픔도, 언젠가 돌아보면 '내가 나를 이해하게 된 순간'으로 남게 될 것이다. 고통은 끝이 아니라, 더 나은 나를 만나기 위한 시작이 될 수 있다. 붓다의 가르침은 그렇게 오늘도 조용히 우리 곁에서 그 말을 건넨다.

에피쿠로스의
'소박한 삶'

욕망의 늪에서 벗어나기

"만일 그대가 어떤 사람을 부유하게 만들고자 한다면, 그의 재산
을 늘리지 말고, 그의 욕망을 줄여라."

고대 그리스의 철학자 에피쿠로스^{Epicurus}는 흔히 '쾌락주의자'라
고 알려져 있다. 하지만 그의 철학은 우리가 일반적으로 떠올리는
즉각적 쾌락 추구나 감각적 탐닉과는 거리가 멀다. 그는 오히려 진
정한 행복이란 무엇인지, 그리고 어떻게 하면 내면의 평온(아타락시
아)을 얻을 수 있을지를 끊임없이 고민한 철학자였다.

에피쿠로스는 소아시아의 사모스섬에서 태어났다. 그는 평범한
중산층 가정에서 성장했지만, 어린 시절부터 철학에 관심이 많았

다. 열네 살 무렵, 철학 공부를 시작했고 이후 아테네로 건너가 본격적인 학문적 수련에 들어갔다. 당시 아테네는 다양한 철학 학파들이 경쟁하던 곳이었다. 플라톤 아카데미, 아리스토텔레스의 리케이온, 그리고 스토아학파 등 이미 여러 사상적 전통이 자리 잡고 있었다. 하지만 에피쿠로스는 기존의 철학 체계에서 만족을 얻지 못했다. 그는 현실 속에서 사람들이 느끼는 불안과 고통의 근본 원인을 철학적으로 풀어내려 했다. 그가 보기에 사람들은 '죽음에 대한 공포' '신에 대한 맹목적 두려움' 그리고 '끊임없는 욕망' 속에서 자신을 괴롭히고 있었다.

에피쿠로스의 철학에서 중심에 있었던 것은 무엇보다도 '욕망을 어떻게 다룰 것인가'에 대한 깊은 고민이었다. 그는 인간의 불행이 단순히 고통스러운 사건에서 오는 것이 아니라, 오히려 '불필요하고 과도한 욕망'에서 비롯된다고 보았다. 사람들이 불행한 이유는 단순히 원하는 것이 충족되지 않아서가 아니라, 애초에 필요 이상으로 너무 많은 것을 원하고 있기 때문이라는 것이 그의 생각이었다.

그는 욕망을 세 가지로 나누어 바라보았다.

첫째는 생존에 필수적인 욕망, 즉 음식과 물, 휴식처럼 인간이 살아가기 위해 반드시 충족되어야 하는 기본적인 욕구다. 둘째는 자연스럽지만 없어도 되는 욕망, 예를 들면 맛있는 음식이나 편안한 생활처럼 꼭 필요하지는 않지만 삶을 조금 더 풍요롭게 만드는 것들이다.

그리고 마지막으로 셋째는 자연적이지도, 필수적이지도 않은 욕망, 즉 부와 명예, 권력처럼 사회적 지위에 대한 끝없는 욕구였다. 에피쿠로스가 가장 경계한 것은 바로 이 세 번째 욕망이었다. 그는 '사회적 성공에 대한 과도한 욕구', 그리고 '남과의 끝없는 비교와 인정 욕구'가 결국 인간을 불행의 늪으로 끌고 들어간다고 보았다.

사람들은 남들보다 더 많은 것을 가지기 위해 애쓰고, 이미 가진 것에도 만족하지 못한 채 끊임없이 새로운 것을 추구한다. 하지만 그는 그런 삶의 끝에는 만족도 성취도 아닌, 오히려 더 큰 공허와 불안이 기다리고 있을 뿐이라고 경고했다. 에피쿠로스는 검소하고 소박한 식사, 좋은 친구들과의 대화, 자연 속의 산책, 그리고 철학적 사유와 성찰 속에서 진정한 만족과 행복을 찾았다. 그의 삶은 화려하지 않았지만, 깊이 있었다. 평생 병약했던 그는 육체적 고통 속에서도 끝까지 마음의 평온을 지키며 살았던 사람으로 전해진다.

중산층이라는 이름 아래 숨겨진 또 다른 욕망

에피쿠로스가 경계했던 욕망의 덫은 2천 년이 지난 오늘날에도 여전히 우리 곁에 있다. 아니, 어쩌면 더 교묘하고 더 정교한 형태로 자리 잡았는지도 모른다. 현대 사회에서 '성공'과 '행복'의 기준은 점점 더 구체적이고 수치화된 목표로 바뀌고 있다.

'중산층'이라는 단어가 그렇다. 원래 중산층이란 사회적 안정과 기본적인 생활 여건을 갖춘 계층을 가리키는 말이었다. 하지만 언제부턴가 그 의미는 점점 더 물질적이고 외형적인 조건으로만 좁혀지기 시작했다.

나라별로 중산층의 기준을 살펴보면 그 차이는 확연하다. 미국의 공립학교에서는 '스스로의 의견을 분명히 밝히고, 사회적 약자를 도우며, 정기적으로 비평지를 읽는 사람'을 중산층의 기준으로 가르친다. 프랑스에서는 한때 '외국어 한 가지쯤은 할 줄 알고, 악기를 다룰 줄 알며, 스포츠를 즐기며 요리 실력을 갖춘 사람, 그리고 사회에 기여할 줄 아는 사람'을 이상적인 중산층으로 제시하기도 했다. 그들에게 중산층이란 단순한 경제적 수치가 아니라 '삶의 태도와 문화적 자율성', 그리고 '공적 책임감'의 상징이었다.

그렇다면 우리는 어떤가. 한 설문 조사에서 한국 직장인들이 생각하는 중산층의 기준을 이렇게 정리했다.

"부채 없이 30평 이상의 아파트 소유, 월 급여 500만 원 이상, 2000cc급 이상의 중형차, 1억 원 이상의 예금, 1년에 최소 1회 해외여행."

이것은 물론 공식적인 통계 기준은 아니지만, 우리의 마음속에 자리 잡은 '평범한 성공의 조건표'가 적나라하게 드러난 예시다. 그리고 슬프게도 많은 사람이 이 목록을 '행복의 전제조건'처럼 여긴다. 어쩌면 우리는 지금, 중산층이라는 이름 아래 또 다른 욕망의 덫에 걸려 있는 것인지도 모른다. 진정한 행복은 소유의 크기로 결정되지 않는다. 에피쿠로스가 평생 강조했던 것처럼, '덜 원하는 삶' '스스로 만족할 줄 아는 마음' 그리고 '내면의 평온'이야말로 우리가 진짜 추구해야 할 중산층의 조건이 아닐까.

결국 남는 것은 마음의 평온

어쩌면 인생에서 가장 중요한 것은 다른 무엇도 아닌 '평정심' 자체일지도 모른다. 많은 것을 이루어도, 원하는 것을 다 채워도, 결국 우리가 바라는 건 하루를 마감하는 순간 '괜찮다'고 스스로 말할 수 있는 마음의 상태다. 밤에 잠자리에 누웠을 때, 마음속에 걸리는 게 아무것도 없는 그 짧은 고요, 그것이야말로 우리가 좇는 행복의 진짜 얼굴이 아닐까.

몇 년 전 방송인 홍진경은 tvN 예능 프로그램 〈인생술집〉에서 이런 말을 했다.

"자려고 누웠을 때, 마음에 걸리는 게 하나도 없는 게 진짜 행복
   이다."

이 짧은 한마디는 많은 시청자의 공감을 불러일으켰다. 화려한
성공도, 남들의 인정도 결국은 평온을 얻기 위한 수단일 뿐이다. 우
리는 왜 여전히 끝없는 욕망에 휘둘리며 자신을 괴롭히고 있는지
돌아보아야 한다.

행복은 거창한 미래에 있는 것이 아니다. 오늘, 이 순간 내가 얼
마나 가볍게 숨 쉴 수 있는지, 얼마나 후회 없이 하루를 마무리할 수
있는지, 그리고 잠들기 전 자신을 탓하지 않고 "잘 살았다"라고 말할
수 있는지, 그것이야말로 에피쿠로스가 말했던 진짜 행복의 기준일
것이다. 결국 남는 것은, 어떤 조건도 아닌 내 안의 평온이다. 그리
고 그 평온을 만드는 것은 더 많은 것을 원하는 것이 아니라, 덜 원
하는 용기다.

쇼펜하우어의
'허무주의'

세속적 행복의 덧없음

독일의 철학자 아르투어 쇼펜하우어Arthur Schopenhauer는 19세기 독일 철학계의 독보적인 비관주의 철학자로 꼽힌다. 그의 사유는 냉정했고, 현실을 직시했다. 삶의 본질이 고통이라는 사실을 누구보다 직설적으로 응시했던 인물이었다.

쇼펜하우어는 독일 단치히(현 폴란드 그단스크)에서 부유한 상인의 아들로 태어났다. 어린 시절부터 그는 경제적으로 부족함 없는 환경에서 자랐지만, 그 이면에는 가정의 불화와 아버지의 강압적 교육이 자리 잡고 있었다. 아버지는 아들이 상인이 되길 바라는 마음에 어린 쇼펜하우어를 데리고 유럽 각지를 돌며 실무 경험을 쌓게 했다. 그러나 이런 상업적 교육 과정은 쇼펜하우어에게 오히려 세상에 대한 냉소와 회의를 심어주었다. 특히 아버지의 갑작스러운 죽음은 그의 삶에 큰 전환점을 가져왔다. 이 사건 이후 쇼펜하우어는 본격적으로 철학 공부에 몰두하게 된다. 그는 괴팅겐대학과 베를린대학에서 철학과 자연과학, 문학 등을 두루 공부하며 자신의 사유 세계를 넓혀갔다.

그의 대표작인 『의지와 표상으로서의 세계Die Welt als Wille und Vorstellung』는 그가 30대 초반에 집필한, 당시로서는 파격적인 사상서였다. 이 책에서 쇼펜하우어는 세계를 '의지'와 '표상'이라는 두 가지 차원으로 설명한다. 우리가 일상에서 보고 듣고 느끼는 모든 것, 즉 세상에 대한 우리의 인식은 모두 '표상表象, Vorstellung', 다시 말해 우리 주관의 인식 작용을 통해 형성된 이미지일 뿐이다. 현실 세계는 있는 그대로의 객관적 실체가 아니라, 우리 의식에 의해 재구성된 주관적 세계라는 것이 그의 주장이다.

하지만 쇼펜하우어가 더 깊이 파고든 것은 이 표상 뒤에 숨겨진 세계의 본질이었다. 그것이 바로 '의지Wille'였다. 쇼펜하우어에 따르면 이 세계의 본질은 '맹목적이고 비이성적인 의지', 즉 '살고자 하고, 욕망하고, 끊임없이 충동적으로 작용하는 힘'이다. 인간은 물론 동물, 식물, 심지어 무생물까지도 모두 이 의지의 표현이다. 의지는 목적도, 방향도, 합리성도 없이 그저 자신을 계속해서 실현하려는 맹렬한 힘이다.

⋮

욕망의 파도에 휩쓸리지 않기

쇼펜하우어의 철학에서 중요한 것은 '의지와 표상의 구분'이다. 이는 단순한 철학적 개념 놀음이 아니다. 우리 일상과 직접 맞닿아 있는, 삶의 태도를 바꾸는 실질적인 인식의 전환이다. 우리는 매일 수많은 자극과 욕망 속에서 살아간다. SNS 속 누군가의 성공 소식, 출근길 지하철 안에서 들리는 동료들의 승진 이야기, 온라인 쇼핑몰에 새로 출시된 제품들…. 이 모든 것은 우리가 세상을 인식하고 받아들이는 하나의 이미지, 즉 쇼펜하우어가 말한 '표상'일 뿐이다. 진짜 문제는 그 표상 뒤에 숨어 있는 '의지', 바로 우리 안에서 끊임없이 작동하는 욕망의 충동이다.

'더 많이 가져야 한다' '남보다 뒤처지면 안 된다' '성공하지 않으면 존재 가치가 없다'라는 생각들은 모두 우리 내면 깊은 곳에서 무의식적으로 작동하는 의지의 소리다. 쇼펜하우어가 경고한 것은 바로 이 지점이다. 의지에 비판 없이 휘둘린다는 것은, 자신의 욕망이 어디서 비롯된 것인지도 모른 채 그저 충동에 이끌려 반응하고 선택하며 살아가는 삶이다.

우리는 종종 '원한다'고 믿지만, 그 욕망의 출처가 어디인지, 그것이 진정 나의 것인지에 대한 질문 없이 살아간다. 타인의 시선, 사회적 기준, 미디어가 만들어놓은 '가짜 욕망'에 이끌려 하루하루를 소모하고 있는지도 모른다.

우리가 진정으로 해야 할 일은 지금 이 순간의 욕망과 충동을 조금은 낯선 시선으로 바라보는 일이다. 표상과 의지, 이 둘의 차이를 알아차릴 수 있을 때, 우리는 비로소 내 삶의 방향키를 스스로 쥐게 된다. 그것이 바로 '내 욕망의 주인'이 되는 첫걸음이다.

❖

허무를 받아들이는 순간, 비로소 자유로워진다

쇼펜하우어 철학의 또 다른 핵심은 바로 '허무의 직시'다. 그는 인간 삶의 본질이 고통과 결핍, 그리고 그것의 끝없는 반복이라는 사실을 누구보다 냉정하게 바라보았다. 우리는 욕망을 따라 살아가지만, 그 욕망은 결코 완전히 충족되지 않는다. 충족된다 해도 금세 새로운 결핍이 우리를 덮친다. 그 과정에서 인간은 짧은 쾌락과 긴 고통, 단 한 번의 성취와 반복되는 공허함 속에서 끝없이 흔들린다.

삶은 애초에 그런 것이다. 행복은 찰나이고, 고통은 본질이며, 허무는 불가피하다. 그렇다고 절망에 빠지라는 말이 아니다. 진정한 자유는 바로 그 허무를 인정하는 순간 시작된다. 우리가 더 이상 '왜 이렇게 허무하지?' '왜 성공을 이룬 뒤에도 공허할까?'라고 불안해하지 않을 때, 그때 비로소 허무에서 벗어난다. 허무는 내 삶의 실패가 아니라, '존재 그 자체의 속성'이기 때문이다. 이 인식은 삶을 가볍게 한다. 세속적 성공에 대한 강박, 끝없는 비교와 경쟁, 나를 끊임없이 몰아세우던 자기비판에서 한 걸음 물러설 수 있다. 그렇다고 무기력하게 주저앉으라는 이야기가 아니다. 쇼펜하우어는 허무 속에서도 '작은 위안들'을 찾으라고 조언한다. 예술의 순간적인 감동, 자연 속에서의 고요한 평안, 타인에 대한 연민과 공감, 철학적 사유의 깊은 몰입. 이런 것들이 우리를 잠시라도 의지의 고통에서 풀어주고, 삶에 의미의 색을 덧입힌다.

결국 쇼펜하우어의 허무주의는 절망의 철학이 아니다. 있는 그대로의 인생을 받아들이면서도, 그 안에서 여전히 작고 사적인 평온과 의미를 발견할 수 있다는 철학이다.

삶은 허무하지만, 그렇기에 그 순간순간의 아름다움은 더 소중하다. 허무를 넘어설 수 있는 길은 없지만, 허무를 깨달은 인간만이 그 안에서 자유로워질 수 있다. 허무를 직시하는 용기, 그리고 그 너머에서 나만의 의미를 찾으려는 작은 노력. 어쩌면 그것이 우리가 지금부터 할 수 있는 가장 철학적인 선택일지 모른다.

세네카의
'죽음의 지혜'

⋮

유한한 삶에서 행복을 찾다

"우리에게 주어진 시간이 짧은 것이 아니라, 그것을 낭비했을 뿐
이다."

고대 로마의 철학자 세네카는 스토아 철학을 대표하는 사상가이
자 정치가, 그리고 문학가였다. 그의 본명은 루키우스 안나이우스
세네카로, 오늘날 스페인 지역인 히스팔리스(현 세비야)에서 태어났
다. 어린 시절부터 뛰어난 지성과 수사학적 재능을 보였던 그는 로
마로 건너가 본격적으로 철학과 문학 공부에 몰두했다.

세네카의 삶은 '철학자로서의 사색'과 '정치가로서 현실적 권력'
사이에서 극적인 긴장 속에 전개되었다. 그는 네로 황제의 스승이

자 조언자로 오랫동안 활동했으며, 로마 제국의 정치 중심부에서 막강한 영향력을 행사하기도 했다. 하지만 동시에 그는 권력의 위험성과 인간 욕망의 덧없음을 누구보다 깊이 통찰했던 인물이었다. 이런 경험들은 그가 남긴 수많은 철학 에세이와 서간문, 비극 작품에 고스란히 녹아 있다.

세네카는 삶의 유한성, 죽음에 대한 성찰, 그리고 인간 내면의 평온에 대해 깊은 관심을 가졌다. 그의 대표 저서 중 하나인 『인생의 짧음에 관하여De Brevitate Vitae』에서는 "우리에게 주어진 시간이 짧은 것이 아니라, 그것을 낭비했을 뿐이다"라는 유명한 문장으로 시간을 허투루 보내는 현대인들까지도 뜨끔하게 만든다.

그에게 있어 죽음은 두려움의 대상이 아니라, 오히려 삶의 질을 돌아보게 만드는 거울과 같은 존재였다. 그는 "죽음이 언제 올지 모르기 때문에, 지금 이 순간을 최선을 다해 살아야 한다"고 거듭 강조했다. 우리는 늘 '언젠가는 여유가 생기겠지' '조금 더 나중에 즐기면 되지'라는 생각으로 현재를 흘려보낸다. 하지만 현실은 정반대다. 삶은 유한하며, 그 끝은 언제 닥칠지 알 수 없다. 이 유한성에 대한 자각은 그 자체로 삶을 더 가치 있게 만든다.

세네카는 사람들이 인생의 소중한 시간을 하찮은 일, 끝없는 욕망, 무의미한 불안에 허비하고 있다고 꾸짖었다. 그가 강조한 것은 '시간의 밀도', 즉 얼마나 길게 살았는가가 아니라 '얼마나 충실하게 살았는가'였다.

···

죽음이 던지는 질문, 그리고 지금 이 순간의 삶

세네카가 죽음에 대해 끊임없이 이야기했던 이유는 단순히 인간 존재의 끝을 묘사하기 위해서가 아니었다. 그에게 죽음은 삶을 더 잘 살기 위한 가장 근본적인 철학적 질문을 던지는 사건이었다.

"만약 오늘이 내 인생의 마지막 날이라면, 나는 지금 무엇을 하고 있을까?"

이런 질문들은 죽음을 떠올리는 순간 자연스럽게 따라온다. 그리고 세네카는 이런 자각이야말로 삶의 방향을 근본적으로 바꾸는 힘이라고 믿었다.

흥미롭게도 현대 사회에서 죽음은 여전히 '생각하고 싶지 않은 주제'로 남아 있다. 미국 CBS 뉴스의 2014년 조사에 따르면, 미국인의 절반 이상인 54%가 자신의 죽음에 대해 거의 또는 전혀 생각하지 않는다고 답했다. 반면 14%만이 자주 죽음을 떠올린다고 했으며, 31%는 가끔 생각한다고 밝혔다. 이는 상당수의 사람이 죽음을 '당장 나와 상관없는 먼 이야기', 혹은 '생각하면 불편한 주제'로 여긴다는 방증이다.

사실 이런 태도는 한국에서도 크게 다르지 않다. 죽음에 대한 대화는 금기시되기 쉽고, 관련 이야기를 꺼내면 "재수 없다"라는 핀잔이 따라붙기 일쑤다. 우리는 마치 죽음을 생각하지 않는 것이 더 긍정적이고 건강한 삶의 태도인 것처럼 여기곤 한다. 하지만 세네카는 그런 생각 자체가 잘못된 삶의 방식이라고 말한다.

세네카의 철학에 따르면, 죽음을 애써 외면하는 삶은 결국 '지금 이 순간'을 소홀하게 만들고, 하루하루를 막연하게 흘려보내게 하는 원인이 된다. 우리가 죽음을 자주 생각할수록, 우리는 오히려 더 생생하게 현재를 살아갈 수 있다. 죽음을 의식하는 사람은 사소한 일에 분노하거나 타인의 시선에 휘둘리지 않고, 행복을 내일로 미루지 않는다. 반면 죽음을 전혀 의식하지 않는 사람은 삶의 유한성을 잊은 채 '언젠가'라는 말 속에 머물며 현재를 소모한다.

젊음이라는 특권이 주는 위험

젊을수록 우리는 더 쉽게 시간을 낭비한다. 세네카가 보기에 젊음은 바로 '유한성의 감각이 가장 희미한 시기'였다. 언제나 건강하

고, 시간은 차고 넘치며, 기회가 무한할 것처럼 느껴지는 이 시절에
우리는 "나중에 하면 되지" "아직 한참 남았어"라는 말로 스스로를
안심시킨다. 그러나 그 안일함 속에서 흘려보낸 하루, 한 달, 몇 년
은 결코 돌아오지 않는다.

조지 버나드 쇼George Bernard Shaw는 말했다.

"젊음은 젊은이에게 주기에는 너무 아까운 것이다."

삶은 길게 보장되지 않는다. 아무리 젊어도, 내일이 당연히 주어
질 것이라고 믿어서는 안 된다.

'서른'이라는 나이는 이제 막 인생의 본격적인 레이스에 들어선
시점일지 모른다. 하지만 그 레이스가 언제 끝날지는 아무도 모른
다. 젊다고 안심할 수 없는 이유다.

죽음에 대한 자각은 곧 삶에 대한 진지한 몰입의 시작이다. 세네
카가 우리에게 전하고 싶은 말은 아마 이것일 것이다.

"시간은 너의 편이 아니다. 그렇기에 더 소중하다. 낭비하지 말아
라."

플라톤의
'이데아'

영원한 것에 관한 탐구

플라톤은 고대 그리스 아테네 출신의 대표적인 철학자이자 서양 철학의 기초를 세운 인물 중 한 명이다. 본명은 아리스토클레스였지만, 넓은 어깨와 당당한 체구 덕분에 '플라톤Plátōn(그리스어로 '넓다'라는 뜻)'이라는 별명으로 더 잘 알려지게 되었다.

그는 귀족 가문 출신으로, 젊은 시절부터 정치에 뜻을 두고 있었으나 스승 소크라테스의 영향을 받으며 철학의 길로 방향을 틀게 된다. 특히 소크라테스가 부당한 재판을 받고 처형당하는 과정을 지켜보면서 깊은 회의와 좌절을 경험했고, 이는 그의 정치적 이상과 철학적 사유에 큰 전환점을 가져왔다.

소크라테스의 죽음 이후 플라톤은 약 10여 년 동안 지중해 여러 도시를 여행하며 학문과 정치에 대한 경험을 쌓았다. 이 시기에 그는 이탈리아의 피타고라스학파 등 여러 사상의 영향을 받게 된다. 이후 아테네로 돌아온 플라톤은 자신의 학문적 이상을 실현하고자 '아카데메이아Ακαδήμεια'라는 학교를 설립한다. 이는 서양 최초의 고등교육기관으로 평가받았으며, 후대 철학자 아리스토텔레스도 이곳에서 수학했다.

플라톤의 철학은 당시 그리스 사회의 혼란과 불안 속에서 '변하지 않는 가치' '영원한 진리'를 추구하려는 노력의 산물이었다. 그는 『국가』『향연』『소크라테스의 변명』 등 수많은 대화편(대화의 형식으로 쓴 도서, 소크라테스가 제자들과 나눈 대화를 내용으로, 플라톤의 여러 저서를 일컬음)을 남기며 정의, 사랑, 지식, 인간의 영혼, 국가의 이상 등에 대해 깊이 있게 논의했다. 그가 주장한 '이데아Idea의 세계' 개념은 단순한 형이상학적 명제가 아니라, 인간이 삶에서 무엇을 진정으로 추구해야 하는지에 대한 근본적인 철학적 물음이었다.

플라톤에게 있어서 '진정한 실재'는 눈에 보이는 변화무쌍한 세상이 아니라, 그 너머에 존재하는 영원하고 변하지 않는 본질이었다. 이런 점에서 플라톤의 사유는 '오늘 하루 무엇을 추구하며 살아야 하는가?'라는 현대인의 고민과도 깊게 맞닿아 있다.

동굴 밖으로 나가는 용기

　플라톤 철학의 핵심은 바로 '이데아' 개념에 있다. 그는 우리가 일상에서 보고 듣고 만지는 모든 것은 '현상계'에 속한다고 보았다. 즉, 우리가 경험하는 세계는 끊임없이 변화하고 사라지는 불완전한 복제물에 불과하다는 것이다.

　반면, 그 너머에는 결코 변하지 않는 '이데아계'가 존재한다. 이데아는 '사물의 본질' '절대적이고 영원한 진리'를 뜻한다. 우리가 감상하는 아름다운 꽃은 시간이 지나면 시들고 사라지지만, '아름다움 그 자체'라는 개념은 영원히 존재한다. 플라톤이 말한 이데아는 바로 이처럼 변하지 않는 본질이다.

　플라톤의 '동굴의 비유'는 인간 인식의 한계와 진리에 이르는 과정을 상징적으로 보여주는 철학적 우화다. 그는 이렇게 상상했다.

　'사람들은 어릴 적부터 깊은 동굴 안에 갇혀 있다. 그들은 목과 다리가 사슬에 묶여 있어서 오직 동굴 벽만 바라볼 수 있다. 그들의 등 뒤에는 불빛이 있고, 그 불빛 앞을 사람들과 다양한 사물들이 지나간다. 그 결과 벽에는 끊임없이 그림자가 비친다. 동굴 속 사람들은 태어나면서부터 오직 이 그림자만을 보고 자랐기 때문에, 벽에 비친 그것이 세상 전부이자 진실이라고 믿는다. 하지만 어느 날 그들 중 한 사람이 사슬에서 풀려나 마침내 동굴 밖으로 나가게 된다. 처음에는 강렬한 햇빛 때문에 눈이 부셔 아무것도 볼 수 없지만, 시간이 지나면서 서서히 사물의 실체를 알아보기 시작한다. 그리고 마침내 그는 자신이 그동안 보아온 그림자들이 실제 세계의 왜곡된 모습에 불과했다는 사실을 깨닫는다. 동굴 밖의 태양은 모든 것의 근원이며, 진정한 진리의 상징이었다.'

'동굴의 비유'는 현대에도 여전히 다양한 방식으로 재해석된다. 그 대표적인 예가 바로 영화 〈트루먼 쇼The Truman Show〉다. 이 영화의 주인공 트루먼 버뱅크는 자신이 사는 마을, 직장, 친구, 가족, 심지어 하늘과 바다까지 모든 것이 드라마를 위해 연출된 것들이고, 자신의 삶이 24시간 생중계되는 TV 프로그램의 일부라는 사실을 모른 채 살아간다. 트루먼의 일상은 마치 동굴 속 사람들의 삶과도 같다. 그는 태어나면서부터 철저히 조작된 '가짜 세계' 안에서 살지만, 눈앞에 보이는 모든 것을 '진실'이라고 믿는다. 그러나 영화가 진행되면서 트루먼은 곳곳에서 그 세계의 균열을 발견하게 된다. 답답한 마을을 벗어나고자 거친 파도를 헤치고 바다를 항해하지만, 수평선 끝자락이 벽으로 막혀 있다는 사실을 알게 되는 장면은 마치 동굴 밖으로 나가는 순간의 충격과도 같다. 트루먼이 가짜 하늘에 난 문을 열고 세트장을 벗어나는 마지막 장면은 동굴 밖으로 나가는 플라톤의 철학적 여정을 현대적으로 재현한 순간이라 할 수 있다. 트루먼이 택한 '자유로 가는 길'은 어쩌면 우리 각자가 살아가면서 마주하는 선택과도 닮았다. 플라톤의 물음처럼, '우리는 지금 진실을 향해 걷고 있는가? 아니면 누군가 만들어준 '그림자 세계' 속에서 여전히 안주하고 있는가?'

❖ 영원한 가치를 향한 오늘의 선택

영원한 것을 추구한다는 것의 의미는 시대에 따라 다르게 해석될 수 있다. 고대 그리스에서는 그것이 이데아의 세계였고, 중세에는 신에 대한 믿음이었으며, 근대에는 진리와 이성에 관한 탐구였다.

그렇다면 21세기를 살아가는 우리에게 '영원한 것'이란 무엇일까? 어쩌면 그것은 '흔들리지 않는 가치' '나의 삶을 지탱해 주는 근본적인 믿음' 혹은 '시간이 흘러도 변치 않는 나만의 신념'일지 모른다. 무엇을 좋아하고, 무엇을 원하고, 어떤 삶을 살 것인지조차 외부의 기준에 의해 결정되는 경우가 많다. 누군가는 팔로워 수로 자신을 평가하고, 누군가는 연봉과 직장의 명함으로 삶의 가치를 가늠

한다. 그러나 그런 것들은 시간이 지나면 모두 사라질 수밖에 없는 '현상계의 그림자'일 뿐이다. 플라톤이 말한 '영원한 것'은 바로 그 모든 변화를 뛰어넘어 남아 있는 본질이다. 나의 내면에서 끝까지 흔들리지 않는 것, 어떤 상황에서도 지켜내고 싶은 가치, 내가 정말로 소중하게 여기는 사람들과의 신뢰, 내가 이 세상에 남기고 싶은 작지만 선한 영향력. 그것이 현대를 사는 우리가 추구해야 할 '이데아'다.

영원한 것을 좇는 삶은 거창한 철학자가 되는 일이 아니다. 매일 아침, '나는 오늘 어떤 가치를 따라 살 것인가?'를 자문하고, 그 가치에 맞게 행동하는 삶. 그것이야말로 플라톤이 말했던 '동굴 밖으로 나가는 용기'이며, 지금 우리에게 가능한 가장 현실적인 이데아의 추구일 것이다. 변화하는 세상 속에서도 변하지 않는 나만의 본질을 지키는 것, 그것이 21세기의 우리가 살아가는 방식으로서의 '영원'을 향한 여정이다.

헨리 데이비드 소로의
『월든』

◆

작은 것에서 찾는 기쁨

미국의 사상가이자 자연주의자인 헨리 데이비드 소로Henry David Thoreau는 그의 대표작 『월든Walden』을 통해 진정한 행복은 거창한 성공이나 화려한 성취가 아닌, 일상 속 작은 것들에서 발견할 수 있다고 말했다. 그는 문명의 복잡함에서 벗어나 자연 속 오두막에서의 소박한 삶을 선택하며, 단순함이 주는 깊은 기쁨을 몸소 실천했다.

그는 19세기 미국 매사추세츠주 콩코드에서 태어난 사상가이자 작가, 시인, 자연주의자였다. 하버드대학교에서 문학과 철학을 공부했지만, 학문적 성공이나 사회적 지위보다는 자연과의 교감과 사색을 삶의 중심에 두었다. 소로는 젊은 시절부터 자연 속에서의 삶과 인간의 본질에 대한 탐구에 깊은 관심을 가졌다.

◆◆

당시 미국 사회는 산업화와 도시화로 빠르게 변화하던 시기였다. 이런 상황을 비판적으로 바라본 소로는 물질적 풍요와 편리함이 오히려 인간의 정신적 자유를 앗아가고 있다고 생각했다. 특히 그의 삶에서 가장 인상적인 시기는 월든 호숫가에 지은 작은 오두막에서의 약 2년간의 자급자족 생활이다. 소로는 이 경험을 통해 인간 존재의 본질, 자연과의 조화, 그리고 최소한의 삶으로도 충분히 만족할 수 있는 행복에 대해 깊이 성찰했다. 그 결과물이 바로 그의 대표작인 『월든』이다.

책에서 소로는 불필요한 소비와 사회적 경쟁에서 벗어나, 단순하고 자족적인 삶의 가치를 설파했다. 그의 생애는 결코 평탄하지 않았다. 생계를 위해 교사, 측량사, 목공 등 다양한 일을 전전했으며, 한때는 노예제에 반대해 세금 납부를 거부하고 투옥되기도 했다. 그는 사회 참여에도 적극적이었으며, 시민 불복종 운동의 정신적 기반이 된 에세이 『시민 불복종 Resistance to Civil Government』 역시 그의 대표작 중 하나다. 비록 생전에 큰 주목을 받지는 못했지만, 소로의 사상은 이후 간디, 마틴 루서 킹 등 세계적 인물들에게 깊은 영향을 주었다.

소로에게 '행복'이란 거창한 성취가 아니라, 하루하루를 '내가 선택한 삶의 방식'으로 충실히 살아가는 것이었다. 그리고 그 출발점은 언제나 '지금 이 순간'에 있었다.

∴

느림의 미학, 오늘을 깊이 있게 사는 법

결국 소로가 『월든』을 통해 말하고자 했던 가치는 지금 우리 시대의 '느림의 철학' '아날로그의 미학'과 깊이 맞닿아 있다. 디지털과 속도가 지배하는 21세기, 우리는 '더 빠르게' '더 많이' '더 자극적으로'를 외치며 하루하루를 소모하고 있다. 클릭 한 번으로 모든 것이 즉시 해결되고, SNS 알림이 쉴 새 없이 울리는 시대에 우리는 끊임없이 '다음'을 향해 달린다. 그러나 그 끝에 진짜 행복은 있을까?

소로가 월든 호숫가에서 보낸 2년의 삶은 이와 정반대였다. 그는 아침이면 느릿하게 호수 물결을 바라보고, 숲속 새들의 소리에 귀 기울이며 하루를 시작했다. 끼니를 때우기 위한 패스트푸드 대신, 자연에서 직접 얻은 재료로 한 끼 식사를 준비했다. 사람들과의 즉흥적인 메시지 교환 대신, 깊은 사색과 성찰의 시간을 가졌다. 소로의 삶은 '속도'가 아니라 '밀도'를 선택한 삶이었다. 오늘날 이런 삶의 태도는 '슬로 라이프' '로컬푸드 운동' '디지털 디톡스' 같은 이름으로 다시 회자되고 있다. 누군가는 스마트폰 대신 종이책을 펼치고, 누군가는 패스트푸드 대신 직접 농사지은 재료로 천천히 요리

한다. SNS 대신 손글씨로 편지를 쓰는 사람들도 있다. 이런 작은 선택들은 단순히 과거에 대한 향수가 아니라, 삶의 리듬을 내 손으로 되찾으려는 노력이다.

소로가 강조했던 것도 결국 이것이었다. '나는 지금 무엇을 선택하고 있는가?' '이 순간 나는 무엇을 위해 시간을 쓰고 있는가?'라는 질문에 대한 성실한 답변. 그는 우리에게 말한다.

"더 빠르게 살 필요 없다. 더 많이 가질 필요도 없다. 중요한 건 지금 내가 마주한 이 순간을 얼마나 깊이 있게 살아내고 있는가 이다."

'느림' '단순함' '존재의 밀도' 이것이야말로 『월든』이 우리에게 던지는 가장 현대적인 메시지다.

❖

나만의 북소리를 따라 걷는 삶

소로의 철학에서 가장 본질적인 메시지는 '나만의 속도'를 존중하라는 것이다. 그는 『월든』에서 이렇게 말했다.

"왜 우리는 성공하려고 그처럼 필사적으로 서두르며, 그처럼 무모하게 일을 추진하는 것일까? 어떤 사람이 또래들과 보조를 맞추지 않는다면, 그것은 아마 그가 그들과는 다른 고수鼓手의 북소리를 듣고 있기 때문일 것이다. 그 사람으로 하여금 자신이 듣는 음악에 맞추어 걸어가도록 내버려두라. 그 북소리의 박자가 어떻든, 또 그 소리가 얼마나 먼 곳에서 들리든 말이다."

우리는 종종 남들과 비교하며, 그들의 속도에 맞추기 위해 안간힘을 쓴다. 친구가 앞서 달려가면 뒤처질까 불안해하고, 동료의 성취에 나도 모르게 조급함을 느낀다. 그러나 소로는 그런 불안과 조급함을 내려놓으라고 말한다.

사람마다 인생의 리듬은 다르며, 그 리듬에 맞게 걸어가는 것이야말로 가장 자연스럽고도 진실한 삶의 방식이다. 내가 아직 준비되지 않았다면, 그건 나의 계절이 아직 오지 않았다는 뜻일 뿐이다. 남들보다 느리다고 해서 실패한 것도 아니고, 당장 눈에 보이는 성과가 없다고 해서 의미 없는 것도 아니다. 중요한 것은 남의 박자가 아니라, 내 귀에 들려오는 나만의 북소리를 듣고 그것에 맞게 한 걸음씩 내딛는 일이다.

소로가 월든 숲속에서 선택했던 '자기만의 삶의 속도' '자기만의 길'은 오늘날 서른을 살아가는 우리에게도 여전히 유효하다. 끝없이 속도를 강요하는 세상 속에서 잠시 멈춰 서서 묻자.

"나는 지금, 누구의 리듬에 맞춰 살고 있는가?"

그리고 마음속 깊은 곳에서 들려오는 나만의 북소리를 따라 천천히, 그러나 분명하게 걸어가 보자. 그 길 끝에 비로소 우리가 진정으로 찾던 행복이 기다리고 있을지도 모른다.

아들러의
'목적 심리학'

나만의 행복을 설계하다

"상황이 의미를 결정하는 것이 아니라, 우리가 상황에 부여하는
의미에 따라 스스로를 결정한다."

오스트리아의 심리학자 알프레드 아들러Alfred Adler는 프로이트, 융과 함께 현대 심리학의 기초를 세운 인물 중 한 사람으로 평가받는다. 하지만 그의 심리학은 프로이트의 정신분석이나 융의 분석심리학과는 분명히 다른 방향을 갖고 있다. 아들러는 인간을 '과거의 상처에 얽매인 존재'로 보지 않았다. 대신 그는 인간을 '목표 지향적 존재', 즉 자신의 삶을 스스로 설계하고 책임지는 능동적 존재로 바라보았다.

그가 제시한 '개인 심리학'은 인간 행동의 원인을 과거에서 찾기보다, 현재의 행동이 어떤 미래의 목적을 향하고 있는지를 묻는다. 왜 그 사람이 그런 행동을 했는지를 이해하기 위해서는 과거의 상처보다, 지금 그가 무엇을 얻으려 하고 있는지를 들여다보아야 한다는 것이다.

특히 아들러 심리학에서 중요한 개념 중 하나는 바로 '열등감inferiority complex'과 '보상compensation'이다. 그는 누구나 어린 시절부터 크고 작은 열등감을 경험하며 살아간다고 보았다. 어릴 적 키가 작아서, 운동을 잘 못해서, 혹은 학업 성적이 남보다 뒤처져서…. 누구나 한두 가지쯤은 '나는 부족하다'고 느끼는 지점이 있다. 하지만 아들러는 그 열등감이 반드시 부정적인 결과만을 낳는다고 보지 않았다. 오히려 바로 그 지점에서 인간은 성장의 동기를 얻는다고 말했다. 그렇기에 그는 "열등감 자체는 문제가 아니다"라고 단언했다.

중요한 것은 그 열등감을 대하는 우리의 태도다. 어떤 사람은 열등감에 짓눌려 자신을 포기하고, 무기력 속에 머무르지만, 또 어떤 사람은 그 결핍을 극복하기 위해 새로운 목표를 세우고 한 걸음씩 앞으로 나아간다. 아들러가 말한 '보상'이란 바로 이런 과정이다. 내 안의 부족함을 인정하고, 그것을 메우기 위해 더 나은 방향으로 나아가려는 의지. 아들러는 이 보상의 과정에서 인간은 더 강해지고,

더 성장할 수 있다고 보았다.

결국 우리는 모두 어떤 방식으로든 자신만의 '보상 전략'을 갖고 살아간다. 누군가는 공부로, 누군가는 관계로, 또 누군가는 직업적 성공으로 자신의 열등감을 극복하려 한다. 그에게 삶이란, 과거의 상처에 발목 잡히는 것이 아니라, 오늘의 선택을 통해 내일의 행복을 설계해가는 과정이었다. 열등감이 출발점이라면, 그 끝은 내가 만들어갈 수 있는 것이다.

❖

행복은 관계 속에서 자란다

아들러는 행복의 조건으로 '사회적 관심social interest'을 강조했다. 그는 인간이 결코 혼자서는 행복해질 수 없는 존재라고 보았고, 우리가 느끼는 행복은 결국 타인과의 관계 속에서 비롯된다고 말했다.

아들러 심리학에서 '사회적 관심'이란 단순한 친절이나 봉사활동 그 이상이다. 그것은 '나는 이 세상에 필요한 사람이다' '내가 하는 일이 누군가에게 도움이 된다'라는 내적 확신에서 비롯되는 깊은 심리적 태도다.

아들러는 또한 '타자 신뢰trust in others'와 '타자 공헌contribution to others'이라는 개념도 언급했다. '타자 신뢰'란, 세상과 타인에 대한 근원적인 긍정적 태도를 말한다. 이 개념은 단순히 '사람들을 믿어야 한다'라는 도덕적 당위가 아니다. 이는 보다 근본적인 심리적 전제다. 즉, 이 세상은 본질적으로 적대적인 곳이 아니라는 믿음, 다른 사람들은 나를 끊임없이 판단하고 위협하는 존재가 아니라, 결국은 '함께 살아갈 수 있는 존재' '내가 도움을 주거나 받을 수 있는 동료'라는 전제 위에 세워진 신뢰다.

타자 신뢰가 부족한 사람은 세상을 늘 '위험한 곳'으로 인식한다. 사람들과의 관계 속에서 항상 방어적이거나 경계심이 강하고, 누군가의 친절조차도 의심의 눈초리로 바라본다. 이런 심리는 결국 고립감과 불안으로 이어진다. '나 혼자만 잘살아야 한다' '남들은 다 적일 수 있다'라는 생각이 깊어질수록 관계는 단절되고, 삶의 만족도 역시 낮아진다.

'타자 공헌'은 내가 타인을 위해 무엇인가 기여할 수 있다는 감각이다. 아들러에 따르면 인간의 가장 깊은 심리적 욕구 중 하나가 바로 '나도 누군가에게 쓸모 있는 존재'라는 느낌이다. 아주 작은 일이라도 좋다. 친구의 힘든 하루를 위로하는 말 한마디, 가족을 위해 따뜻한 밥 한 끼를 준비하는 마음, 동료를 위해 문을 잠시 잡아주는 배려. 이런 사소한 공헌의 경험들이 쌓일수록 우리는 '나도 가치 있는 사람이다'라는 자기 확신을 하게 된다.

진정한 행복은 고립된 개인의 성공이 아니라, '타자 신뢰'를 바탕으로 한 '타자 공헌'의 삶 속에서 피어난다. 타인을 믿고, 그들에게 작게라도 도움이 되는 삶을 살 때, 우리는 비로소 내 존재의 의미를 체감하게 된다. 그리고 그것이야말로 아들러가 말한 '행복 심리학'의 본질이다.

불완전한 나를 있는 그대로 받아들이기

아들러 심리학에서 또 하나 중요한 개념은 바로 '자기수용self-acceptance'이다. 그는 인간이 완벽하지 않은 존재임을 인정할 때 비로소 진정한 행복에 가까워질 수 있다고 강조했다. 아들러는 열등감 자체가 문제라고 보지 않았다. 오히려 문제는 '불완전한 나'를 있는 그대로 받아들이지 못하고 끊임없이 자기 자신을 부정하는 태도에 있다고 지적했다.

'자기수용'이란 나의 약점, 실수, 부족함까지도 삶의 일부로 받아들이는 마음가짐이다. 잘하지 못하는 나, 실수하는 나, 때로는 지치고 무기력한 나도 결국 나의 일부라는 사실을 인정하는 것이다. 이것은 자기 합리화나 자기 포기의 태도와는 다르다. 아들러가 말하는 자기수용은 '나는 지금 이 모습 그대로도 충분히 가치 있는 사람'

이라는 깊은 내적 확신에 가깝다. 그 확신이 있어야 우리는 비로소 변화의 용기도 낼 수 있고, 새로운 도전 앞에서도 주저하지 않을 수 있다.

자기수용은 또 다른 형태의 '용기'다. 아들러가 말한 '생활양식의 변화'도 결국 자기수용에서 출발한다. 불완전함을 받아들이는 사람만이 타인의 시선에 휘둘리지 않고, 자기 인생의 주도권을 쥘 수 있다. 완벽하지 않아도 괜찮다는 마음가짐, 있는 그대로의 나를 사랑하는 태도, 그것이야말로 우리가 가져야 할 가장 큰 용기다.

5장
◆

서른 이후, 불확실한 미래를
설계하는 기준

데카르트의
'합리적 사고'

데카르트는 『방법서설』에서 복잡한 문제를 단순화하고, 체계적으로 해결해 나가기 위한 방법론적 사고의 틀인 네 가지 원칙을 제시했다. 이 네 가지 사고 원칙은 오늘날 우리가 난해한 삶의 문제와 성장을 위한 과제를 풀어나갈 때도 유용한 도구가 된다.

첫 번째는 '명증'의 원칙이다. 데카르트는 우리가 무엇을 믿기 전에 그것이 정말로 분명하고 의심의 여지가 없는지 먼저 점검해야 한다고 강조했다. 삶에서 어떤 목표를 세울 때도 마찬가지다. '성공하고 싶다'라는 막연한 목표는 합리적 사고의 출발점이 될 수 없다. 대신 '나는 무엇을 성공이라 정의하는가?' '이 목표가 정말 내가 원하는 것인가?'처럼 명확하고 구체적인 질문을 던져야 한다. 불확실성과 모호함을 걷어내고, 나의 목표와 문제를 '명료하게 보는 것'이 바로 첫 단계다.

두 번째는 '분해'의 원칙이다. 복잡한 문제일수록 더 작은 단위로 나누어야 한다는 것이다. 예를 들어, '왜 나는 성장하지 못하고 있다고 느낄까?'라는 고민은 쉽게 해결되지 않는다. 하지만 이 질문을 작은 문제들로 쪼개어 보면 해법이 보인다. '나는 새로운 것을 배우고 있는가?' '나는 지금 실패를 두려워하고 있는가?' '현재 나의 일상 습관은 변화 지향적인가?'처럼 문제의 각 요소를 분리해서 분석하는 것이다. 이렇게 하면 막연했던 불안도 구체적 과제로 바뀐다.

세 번째는 '합성'의 원칙이다. 쉽게 해결할 수 있는 것부터 차근차근 시작해 나가라는 의미다. 사람들은 종종 거창한 목표 앞에서 시작조차 못 하고 주저앉는다. 하지만 작은 행동의 반복이 결국 큰 변화를 만든다. 매일 10분 독서, 짧은 메모 습관, 하루 한 가지 새로운 시도처럼 '지금 당장 시작할 수 있는 것'을 선택하는 게 중요하다. 작은 성취가 다음 단계로의 진입을 만들어낸다.

마지막은 '열거'의 원칙이다. 데카르트는 사고의 전 과정을 빠짐없이 검토하고 점검해야 한다고 강조했다. 목표를 설정하고, 문제를 나누고, 작은 실천을 시작했다면 이제 남은 것은 꾸준한 점검이다. '나는 올바른 방향으로 가고 있는가?' '무엇이 효과적이고, 무엇이 비효율적인가?' 이런 질문을 주기적으로 던지며 나의 사고와 행동 과정을 끝까지 확인해야 한다. 일주일에 한 번, 혹은 한 달에 한 번 성장을 점검하는 루틴을 만드는 것도 좋은 방법이다.

이 네 가지 사고법은 단순히 이론적인 철학이 아니다. 그것은 우리가 더 나은 선택을 하고, 현실 속 문제를 해결하며, 지속 가능한 성장을 이루는 데 필요한 구체적인 실천 전략이다.

⬩

생각하는 힘의 위기: 문해력과 사고력의 저하

오늘날 우리는 정보의 홍수 속에 살고 있다. 스마트폰을 켜면 몇 초 만에 수많은 뉴스와 콘텐츠가 쏟아지고, 소셜 미디어를 통해 매일 수백 개의 짧은 글과 영상이 흘러간다. 그러나 이렇게 넘쳐나는 정보량에 비해, 정작 '생각하는 힘'은 점점 약해지고 있다.

특히 청소년과 청년 세대에서 나타나는 문해력과 사고력 저하 현상은 심각하다. 긴 글을 읽는 능력은 떨어지고, 복잡한 개념을 끝까지 따라가려는 인내력도 부족하다. 질문을 던지기보다 정답만을 빠르게 찾으려 하고, 다양한 관점에서 문제를 바라보는 능력 대신 표면적인 이해에만 머무른다.

최근 조사에 따르면, 한국 청소년의 문해력은 OECD 평균에 크게 못 미치는 것으로 나타났다. 특히 디지털 정보에 대한 사실과 의견을 구분해 내는 능력에서 한국 청소년의 정답률은 25.6%로, OECD 평균인 47.4%보다 21.8%포인트나 낮았다. 이는 단순한 독해력 부족을 넘어, 비판적 읽기와 정보 분석 능력 자체가 심각하게 약화되고 있음을 보여준다. 최근 여러 국가 학력평가에서도 이런 경향은 수치로 확인되고 있다. 비판적 읽기, 맥락 파악, 논리적 글쓰기 능력 등 사고력의 기초가 되는 역량이 점점 낮아지고 있는 것이다.

이런 상황은 단순히 학업 능력의 문제가 아니다. 삶의 모든 선택과 문제 해결 과정에서 깊이 있는 사고가 부족해진다면, 결국 우리는 타인의 기준에 휘둘리며 살아갈 수밖에 없다. 당장의 감정에 휩쓸려 잘못된 결정을 내리거나, 충분한 정보 검토 없이 충동적으로 행동하게 된다. '생각의 빈곤'은 개인의 성장 가능성을 가로막는 가장 큰 장애물이다. 여기서 데카르트의 합리적 사고법은 우리에게 중요한 시사점을 준다. 그가 강조한 명증, 분해, 확산, 열거의 네 단계는 단순히 철학 이론이 아니라, 지금 이 시대에 꼭 필요한 사고의 근육을 기르는 훈련법이다.

지금 우리는 더 다양한 지식이나 정보가 필요한 것이 아니다. 이미 우리는 과잉 정보의 시대에 살고 있다. 필요한 것은 그 정보를 제대로 읽고, 질문하고, 분석하고, 실행 가능한 답을 만들어내는 힘이다. 다시 말해, '스스로 생각하는 힘', 이것이야말로 지금 우리가 반드시 회복해야 할 성장의 출발점이다.

⋮

지속 가능한 성장을 위한 자기 점검

지속 가능한 성장은 단기적인 성과나 일회성 성공으로 완성되지 않는다. 그것은 매일의 작은 선택과 꾸준한 점검을 통해 서서히 완성되어 가는 과정이다. 데카르트가 강조했던 마지막 원칙, 열거의 원칙이 바로 그 핵심이다.

우리는 종종 목표만을 바라보다가 지금의 과정에 소홀해지기 쉽다. 하지만 합리적 사고의 관점에서 볼 때, 성장의 진짜 힘은 '현재 내가 어디에 있는지' '어떤 방향으로 가고 있는지'를 끊임없이 되돌아보는 데서 나온다. 지금 내가 세운 목표가 여전히 나의 가치관과 일치하는지, 내가 취하는 행동들이 그 목표에 맞게 구체적인 변화를 만들어내고 있는지 스스로 점검해야 한다. 성장은 직선으로 빠르게 나아가는 것이 아니라, 수많은 질문과 수정, 그리고 다시 시작하는 과정을 거치며 이루어진다.

때로는 멈춰 서서 돌아봐야 할 때도 있다. 내가 가고 있는 길이 정말 옳은지, 아니면 관성에 휩쓸려 그저 걷고만 있는 것인지 물어야 한다. 이 과정에서 필요한 것은 대단한 지식이나 특별한 능력이 아니다. 중요한 것은 스스로 묻고, 냉정하게 답하고, 필요하다면 다시 방향을 잡을 수 있는 용기다. 결국 성장의 본질은 멈추지 않는 점검과 사고의 반복이다.

우리가 데카르트에게서 배워야 할 것은 단지 철학적 개념이 아니라, 삶의 매 순간을 '생각하는 인간'으로 살아가려는 태도다. 그렇게 우리는 오늘도, 내일도, 더 나은 자신을 향해 한 걸음씩 나아갈 수 있다.

빅터 프랭클의
'로고테라피'

절망 속에서도 삶을 선택하다

빅터 프랭클Viktor E. Frankl은 오스트리아 출신의 정신과 의사이자 심리학자로, 제2차 세계대전 당시 나치의 아우슈비츠 수용소에 수감되었다. 그는 어린 시절부터 인간 존재의 의미에 깊은 관심을 가졌다. 청소년기에는 심리학과 철학에 심취했고, 대학 시절에는 정신의학에 뜻을 두었다. 이미 20대 초반부터 '삶의 의미'에 대한 주제로 논문을 쓰며 자신의 사유를 깊게 다져갔다. 젊은 시절의 그는 '왜 사람들은 살아가야 하는가?'라는 질문에 대한 답을 찾기 위해 노력했다.

그러나 그의 삶은 한순간에 무너졌다. 제2차 세계대전이 발발하고, 유대인이라는 이유로 가족과 함께 나치의 강제수용소로 끌려간

것이다. 아우슈비츠에서 그는 매일 죽음과 마주했다. 부모와 아내를 포함한 가족 대부분이 학살당했고, 굶주림과 폭력, 극한의 고통 속에서 하루하루를 버텨야 했다. 이 끔찍한 상황에서도 프랭클은 포기하지 않았다. 그는 '지금 이 순간 나의 태도를 선택할 수 있다'라는 신념을 놓지 않았다. 고통을 없앨 수는 없지만, 그 고통을 받아들이는 방식은 온전히 '나의 선택'이었다. 수용소 안에서도 그는 동료 수감자들을 위로하고, 의미를 찾으려 애썼다.

◆

로고테라피: 삶의 의미를 찾는 심리학

전쟁이 끝난 후, 프랭클은 기적적으로 살아남았다. 폐허 같은 현실 속에서 그는 자신의 경험을 바탕으로 새로운 심리치료 이론을 정립했다. 바로 '로고테라피logotherapy'다. 그리스어 '로고(로고스 LOGOS)'는 '의미'를 뜻하며, 로고테라피는 '의미를 통한 치료'라는 심리치료 이론이다. 기존 심리학이 과거의 상처나 무의식의 욕망에 초점을 맞췄다면, 로고테라피는 정반대의 방향을 제시한다. 과거의 상처를 분석하기보다, 지금 여기에서 '삶의 의미'를 어떻게 발견할 것인지에 집중하는 것이다.

프랭클이 아우슈비츠에서 살아남은 이후, 세상에 던진 가장 큰 질문은 이것이다.

"인간은 어떤 상황에서도 삶의 의미를 찾을 수 있는가?"

프랭클은 인간이 아무리 혹독한 상황에서도 삶의 의미를 발견할 수 있으며, 그것이 인간 존재의 근원적인 힘이라고 주장했다.

1946년 그는 자신의 수용소 경험과 삶의 철학을 담은 『죽음의 수용소에서Man's Search for Meaning』를 출간했다. 이 책은 전 세계 수많은 사람에게 깊은 울림을 주었고, 지금까지도 절망 속에서 길을 잃은 이들에게 희망의 메시지를 전하고 있다.

이처럼 프랭클은 인간 존재의 핵심을 '의미에 대한 의지'에서 찾았다. 인간의 본능적 욕구나 쾌락의 추구보다 '삶의 의미를 찾고자 하는 욕구'가 더 근원적이라는 것이다. 이는 그가 수용소에서 본 사람들의 모습에서 비롯된 통찰이었다. 같은 환경에 있더라도 삶의 의미를 발견한 사람들은 살아남았고, 그렇지 않은 사람들은 절망 속에서 무너졌다.

로고테라피의 핵심은 결국 '삶의 의미를 어떻게 발견할 것인가'에 대한 세 가지 질문으로 요약할 수 있다.

첫째, '지금 이 순간 내가 어떤 태도를 선택할 것인가'를 묻는다. 주어진 상황이 아무리 절망적이라 하더라도, 그에 대한 나의 태도 만큼은 내가 선택할 수 있다는 것이다.

둘째, '나를 기다리는 사람이나 일이 있는지'를 돌아본다. 이는 내가 지금 이 자리에서 왜 살아야 하는지, 무엇을 위해 견뎌야 하는지를 스스로 자각하게 하는 질문이다.

셋째, '이 고통 속에서도 내가 배울 수 있는 의미가 무엇인지'를 고민하게 한다.

프랭클은 "인간에게서 모든 것을 빼앗을 수 있어도 단 하나, 마지막 자유는 빼앗을 수 없다"고 강조했다. 그 마지막 자유란 바로 '주어진 상황에 대해 내가 어떤 태도를 취할 것인지 선택할 자유'다.

인간의 존엄성과 자유

프랭클이 전하고자 한 메시지의 핵심은 바로 '인간의 존엄성과 자유'에 있다. 그는 아우슈비츠라는 극한의 환경에서도 인간이 끝까지 지킬 수 있는 것이 있다고 믿었다. 그것은 외부의 환경이나 타인의 폭력으로도 빼앗을 수 없는 '내적 자유'였다.

그가 말한 자유는 단순한 행동의 자유가 아니다. 그것은 어떤 상황에서도 나의 태도와 반응을 선택할 수 있는, 인간만이 가진 정신적 자유다. 때때로 우리는 주어진 현실 앞에서 무력감을 느낀다. 실패와 상실, 불확실한 미래 앞에서 모든 것을 잃어버린 듯한 절망에 빠지기도 한다. 그러나 비록 우리가 처한 상황은 바꿀 수 없을지라도, 그 상황을 바라보는 나의 태도는 언제나 내가 선택할 수 있다.

삶의 의미를 찾는 여정은 결국 스스로를 존엄한 존재로 인정하는 것에서 시작된다. 우리는 어떤 순간에도 자신을 포기하지 않을 권리와, 내 삶의 의미를 다시 선택할 수 있는 자유를 가진 존재다.

하이데거의
'존재의 불안'

불확실성을 받아들이는 법

독일의 철학자 마르틴 하이데거 Martin Heidegger는 그의 대표작 『존재와 시간 Sein und Zeit』을 통해 인간 존재의 본질과 불안에 대한 깊은 통찰을 제시했다.

1889년 독일 남부 메스키르히에서 태어난 그는 어린 시절부터 신학과 철학에 관심을 가졌으며, 프라이부르크대학에서 철학을 전공했다. 청년 시절부터 그는 '존재란 무엇인가?'라는 근본적인 질문에 몰두했고, 그 질문은 평생 그의 사유의 중심에 자리 잡게 된다.

1927년 발표한 『존재와 시간』은 그의 오랜 고민의 결실이었다. 이 책에서 하이데거는 인간을 '존재하는 존재'라 정의하며, 우리가 불안을 느끼는 이유는 단순한 심리적 불안정 때문이 아니라, "삶의 의미와 방향에 대해 끊임없이 질문하는 존재이기 때문"이라고 설명했다.

『존재와 시간』의 핵심은 인간이 '던져진 존재'라는 사실에서 출발한다. 우리는 스스로 선택해서 이 세상에 태어난 것이 아니다. 어떤 시대, 어떤 가정, 어떤 조건 속에 던져진 채 삶을 시작한다. 그리고 그 속에서 우리는 매 순간 '어떻게 살아갈 것인지'를 스스로 선택해야 하는 과제를 안고 있다.

하이데거는 인간의 존재 방식을 '현존재現存在, Dasein'라고 부르며, 우리가 존재하는 한 '죽음에 대한 자각'에서 자유로울 수 없다고 말했다. 그는 인간이 언젠가는 죽을 수밖에 없는 존재임을 스스로 알고 있다는 점에 주목했다. 이러한 죽음의 자각은 불안을 불러오지만, 역설적으로 바로 그 자각 덕분에 우리는 매 순간 더 '진정성 있는 선택'을 할 수 있다.

하이데거가 말하는 '진정성authenticity'이란, 타인의 기대나 사회적 규범에 무조건 휘둘리지 않고, 자신의 죽음과 유한성을 직시하며 삶을 주체적으로 선택하는 태도를 의미한다. 다시 말해, 불안은 피해야 할 감정이 아니라, 오히려 우리가 '지금 이 순간 어떻게 살아야 하는가?'를 묻게 만드는 중요한 존재론적 경험이다.

하이데거의 철학은 단순한 이론적 사유에 그치지 않았다. 그는

20세기 초 독일 사회의 급격한 변화와 두 차례의 세계대전을 겪으며, 인간이라는 존재가 얼마나 불확실성과 불안 속에 놓여 있는지를 누구보다 깊이 체감했다. 그의 생애와 시대적 경험은 '존재의 불안'이라는 개념에 현실적 무게감을 더했다.

불확실성 앞에서 흔들리는 우리

하이데거의 철학이 오늘날 우리에게 더욱 절실하게 다가오는 이유는, 그가 말한 '존재의 불안'이 바로 우리가 매일 마주하는 '불확실성'과 깊이 맞닿아 있기 때문이다. 우리는 살아가면서 수많은 선택의 순간에 직면한다. 어떤 진로를 택할지, 어떤 사람과 관계를 맺을지, 어떤 삶을 살아갈지를 결정해야 한다. 하지만 그 선택의 결과가 어떻게 될지는 아무도 알 수 없다.

이처럼 인간은 본질적으로 불확실성에 취약한 존재다. 우리는 확신을 원하지만, 삶은 결코 명확한 답을 주지 않는다. 오늘의 선택이 내일의 후회가 될지, 아니면 새로운 기회의 문이 될지 예측할 수 없다. 그 불확실성 속에서 우리는 종종 불안을 느끼고, 때로는 선택을 미루거나 현실에 안주하려 한다. 하이데거는 이런 불확실성을 두려워하기보다, 오히려 그것을 삶의 일부로 받아들이라고 말한다. 그는 인간 존재의 조건 자체가 이미 '던져짐'이라는 불확실성 위에 서 있다고 강조한다. 선택의 결과를 모두 예측할 수 없기 때문에 우리는 매 순간 스스로 책임지고 결단해야 하며, 그 과정에서 비로소 '진정성 있는 삶'이 가능해진다는 것이다.

하이데거의 철학은 우리에게 묻는다.

"완벽한 답이 없다는 이유로 멈춰 서 있을 것인가, 아니면 불안과
불확실성 속에서도 지금 내가 할 수 있는 선택을 할 것인가?"

불확실성을 피할 수 없다면, 우리는 그 속에서 더 주체적으로 살아갈 법을 배워야 한다. 불안은 그저 견뎌야 할 불편함이 아니라, 삶을 더 깊이 성찰하게 하는 기회이자, 나를 나답게 만드는 성장의 계기다.

불안을 껴안고 나아가는 삶

우리는 여전히 불확실성의 한복판에 서 있다. 오늘 내리는 선택이 옳은지 확신할 수 없고, 실패에 대한 두려움은 늘 따라다닌다. 중요한 것은 불안을 없애려 애쓰는 것이 아니라, 그 불안을 있는 그대

로 받아들이는 용기다. 불안은 삶의 필연적 동반자이며, 그 속에 서 우리는 자신에게 진정 중요한 것이 무엇인지 조금씩 깨닫게 된다.

하이데거가 말한 '진정성 있는 삶'은 완벽하거나 확신에 찬 삶이 아니다. 오히려 불확실성과 불안을 인정하면서도 그 안에서 매 순간 자신의 선택을 책임지는 삶이다. 그것은 타인의 기대나 사회적 기준에 휘둘리지 않고, '지금 이 순간 내가 어떤 태도를 취할 것인가'를 스스로 묻고 답하는 삶이다. 지금 당신이 느끼는 불안도 결국 당신이 '살아 있는 존재'이기 때문에 겪는 당연한 과정이다.

불안 속에서도 나만의 길을 선택하며 나아가자. 불안은 나를 위협하는 적이 아니라, 새로운 삶의 가능성을 알려주는 안내자가 될 수 있다.

칸트의
'실천 이성'

∻
조용하지만 치열한 삶을 위해

독일 철학자 이마누엘 칸트Immanuel Kant는 인간의 이성과 도덕성에 대한 깊은 탐구를 통해 '어떻게 살아야 하는가?'라는 질문에 답하고자 했다.

1724년 프로이센의 쾨니히스베르크(현 러시아 칼리닌그라드)에서 태어난 그는 가난한 집안 환경에도 학문에 대한 열정을 놓지 않았다. 평생 고향을 떠나지 않고, 그곳에서 공부하고, 가르치고, 사유하며, 조용하지만 치열한 삶을 살았다.

칸트의 삶은 규칙적이고 단조롭기로 유명했다. 그는 매일 같은 시각, 같은 길을 산책했다. 일과의 시작과 끝은 늘 정해진 시간표에 따라 움직였고, 마을 사람들은 그가 산책을 나서는 시각에 맞춰 시계를 조정할 정도였다. 심지어 '칸트가 지나가는 시간'이라는 말이 생길 만큼 그의 산책은 무척이나 규칙적이었다. 하지만 그의 내면에서는 인간 존재와 도덕, 자유, 책임에 대한 치열한 질문이 끊임없이 이어졌다.

외적으로는 단순하고 반복적인 삶을 살았지만, 그의 정신세계는 그 어느 철학자보다도 역동적이고 도전적이었다. 산책하면서도 그는 '인간은 왜 도덕적으로 살아야 하는가?' '자유란 무엇인가?' '보편적인 도덕 법칙이 존재하는가?'와 같은 질문을 머릿속에서 되뇌었다. 이렇게 평범해 보이는 일상 속에서 그는 『순수이성비판』 『실천이성비판』 『판단력비판』과 같은 위대한 철학적 업적을 남겼다. 그의 규칙적인 삶은 단순히 습관의 산물이 아니라, 오히려 깊은 사유와 성찰을 위한 의식적인 삶의 방식이었다.

이성의 한계를 직시하다, 『순수이성비판』

칸트의 철학적 여정은 『순수이성비판Kritik der reinen Vernunft』 (1781)에서 본격적인 전환점을 맞는다. 이 책은 단순한 철학서를 넘어, 인류 사상사에서 '코페르니쿠스적 전환(인식의 기준을 '대상'이 아닌 '인식 주체'로 옮겨놓는 근본적인 관점 전환)'이라 불릴 만큼 혁신적인 사고의 전환을 담고 있다. 칸트는 기존의 철학이 가진 한계를 넘어, '인간 이성이 어디까지 알 수 있으며 어디에서 멈춰야 하는지'를 근본적으로 묻는다.

당시 유럽 철학계는 두 갈래로 뚜렷이 나뉘어 있었다. 하나는 영국을 중심으로 발전한 '경험론Empiricism'이었다. 이들은 인간이 세상을 아는 방식이 오직 '감각 경험'을 통해서만 가능하다고 주장했다. 존 로크John Locke, 조지 버클리George Berkeley, 데이비드 흄David Hume 같은 철학자들이 대표적이다. 이들의 주장에 따르면 "인간의 마음은 태어날 때 '백지'와 같고, 우리가 가진 모든 지식은 '경험'이라는 잉크로 채워진다"고 보았다.

반면, 대륙 유럽에서는 '합리론Rationalism'이 강세를 보였다. 르네 데카르트, 바뤼흐 스피노자Baruch Spinoza, 고트프리트 빌헬름 라이프니츠Gottfried Wilhelm Leibniz 같은 철학자들은 "인간이 태어날 때부터 일정한 '선천적 관념'이나 '이성적 원리'를 가지고 있다"고 주장했다. 그들은 감각 경험보다 이성적 사고, 논리적 추론을 통해 더 확실하고 보편적인 진리에 도달할 수 있다고 믿었다. 데카르트의 유명한 말, "나는 생각한다, 고로 존재한다"는 합리론의 대표적 선언이었다.

칸트는 바로 이 두 철학적 전통 사이에서 깊은 고민에 빠졌다. 그는 경험론이 말하는 '감각 경험의 중요성'을 인정하면서도, 합리론이 강조하는 '이성의 능동적 역할'을 동시에 받아들여야 한다고 생각했다. 그리고 결국 이렇게 결론지었다.

"우리는 세상을 있는 그대로 아는 것이 아니라, 우리 인식 능력의 틀 안에서만 알 수 있다."

칸트의 이 결론은 마치 안경을 쓴 채로 세상을 바라보는 것과 같다. 우리가 보는 모든 것은 '우리의 인식 안경'을 통해 해석된 결과일 뿐, 그 안경을 벗고 '사물 자체'를 볼 수는 없다는 것이다. 이것이 바로 그의 철학적 전환점이자, 『순수이성비판』의 핵심 메시지다.

칸트는 인간 이성의 위대함을 찬양하기보다, 오히려 그 한계를 정확히 인식해야 한다고 강조했다. 그래야만 우리는 오만에 빠지지 않고, 진정으로 자유롭고 도덕적인 삶을 선택할 수 있기 때문이다.

⁝
나의 인식을 넓히는 노력

우리는 세상을 있는 그대로 볼 수 없다. 우리가 경험하는 모든 것은 결국 '나의 인식 능력'을 통과한 결과일 뿐이다. 그렇기 때문에 더욱 중요한 것은, 지금 내가 가진 '인식의 틀'이 얼마나 넓고 깊은가 하는 점이다.

"아는 만큼 보인다"라는 속담은 바로 이 점을 잘 말해준다. 세상은 언제나 그 자리에 있지만, 내가 무엇을 알고 어떻게 이해하느냐에 따라 세상이 다르게 보인다. 같은 풍경도 누군가에겐 그저 스쳐 지나가는 일상이지만, 누군가에겐 깊은 사유의 대상이 될 수 있다. 같은 사건도 누군가에겐 불안과 절망의 원인이지만, 누군가에겐 성찰과 성장의 계기가 될 수 있다.

우리는 종종 세상을 불공평하고 답답하게 느낀다. 하지만 그럴수록 더 많이 읽고, 더 많이 듣고, 더 깊이 생각해야 한다. 책을 읽는 것, 스스로 질문을 던지는 것, 다양한 관점을 경험하는 것, 이 모든 과정이 결국은 나의 인식 능력을 확장하는 일이다. 완벽한 진리에 도달할 수는 없을지라도, 우리는 끊임없이 더 나은 인식의 길로 나아갈 수 있다. 그리고 그 과정이야말로 더 넓은 세상, 더 깊은 나 자신과 만나는 방법이다.

헤밍웨이의
'행동하는 삶'

나만의 길을 개척하라

미국의 작가 어니스트 헤밍웨이Ernest Hemingway는 그의 작품과 삶을 통해 '행동하는 인간'의 전형을 보여준 인물이다. 그는 문학뿐 아니라 인생 자체에서도 늘 한계를 시험하며 자신이 선택한 길을 걸었다. 어린 시절부터 자연과 가까운 삶을 살며 사냥과 낚시를 즐겼고, 젊은 시절에는 제1차 세계대전에 자원하여 구급차 운전병으로 참전했다. 그 과정에서 중상을 입기도 했으나, 전쟁과 죽음의 경험은 그의 세계관에 깊은 흔적을 남겼다. 그 후에도 헤밍웨이의 삶은 멈추지 않았다. 그는 스페인 내전과 제2차 세계대전에 참전해 종군 기자로 활약했고, 스페인 투우장, 아프리카 사파리, 쿠바의 바다 등 세계 곳곳을 누비며 모험과 위험을 온몸으로 받아들였다.

이러한 직접적인 체험들은 그의 문학 세계에 고스란히 녹아들었다. 헤밍웨이의 대표작들은 모두 그의 삶과 맞닿아 있다.

『노인과 바다The Old Man and the Sea』(1952)는 헤밍웨이가 쿠바에 머물던 시절, 매일같이 즐겼던 바다낚시의 경험에서 탄생했다. 늙은 어부 산티아고가 거대한 청새치를 상대로 펼치는 고독하고 치열한 싸움은 단순한 '어로 행위'를 넘어 인간의 존엄성과 인내, 삶에 대한 의지를 상징적으로 그려냈다. 이 소설로 헤밍웨이는 1953년 퓰리처상을, 이듬해인 1954년에는 노벨문학상을 수상하며 세계적인 작가로 자리매김했다.

『무기여 잘 있거라A Farewell to Arms』(1929)는 제1차 세계대전 당시의 참전 경험을 바탕으로 쓴 작품이다. 사랑의 상실, 전쟁의 부조리와 인간의 무력함을 그린 이 소설은 헤밍웨이의 자전적 색채가 짙게 드러나며, 전쟁문학의 대표작으로 손꼽힌다.

『누구를 위하여 종은 울리나For Whom the Bell Tolls』(1940)는 스페인 내전 종군 기자로 활동하던 시기의 경험에서 탄생했다. 이 작품에서 헤밍웨이는 자유와 혁명, 죽음과 희생이라는 묵직한 주제를 다루면서도 인간 내면의 고뇌와 윤리적 딜레마를 섬세하게 묘사했다.

헤밍웨이의 글쓰기 스타일 또한 그의 삶의 태도와 밀접하게 맞닿아 있다. 그는 군더더기 없는 간결한 문장, 짧고 힘 있는 대화체로 독자들에게 강렬한 인상을 남겼다. '빙산 이론Iceberg Theory(헤밍웨이가 제시한 글쓰기 기법으로 "빙산은 수면 위에 8분의 1만 떠 있고, 나머지 8분의 7은 물속에 잠겨 있다"라고 언급한 것에서 비롯)'이라 불리는 그의 문체 철학은, 독자에게 모든 것을 설명하기보다는, 문장 속에 드러나지 않는 심리적·감정적 깊이를 느끼게 하는 방식이다. 겉으로는 단순하고 명료하지만, 그 아래에는 인간의 본질과 삶의 진실에 대한 깊은 통찰이 숨어 있다.

이처럼 헤밍웨이의 작품은 삶의 본질에 대한 집요한 탐구, 인간 존재에 대한 진지한 질문, 그리고 그것을 행동과 경험으로 증명해 내려 했던 그의 태도를 고스란히 담아내고 있다.

헤밍웨이의 인생 철학은 단순히 글쓰기에 그치지 않았다. 그는 언제나 행동을 통해 삶의 본질에 다가가려 했다. 두려움 속에서도 물러서지 않고, 자신의 길을 선택하고 끝까지 밀어붙이는 태도. 바로 그것이 그가 평생 보여준 삶의 방식이었다.

❖

끝까지 버티는 힘, 『노인과 바다』가 전하는 용기

헤밍웨이의 인생 철학이 가장 잘 드러나는 작품 중 하나가 바로

『노인과 바다』다. 이 소설의 주인공 산티아고는 오랜 시간 한 마리의 물고기도 잡지 못한 채 '운 없는 늙은 어부'라는 조롱을 듣는다. 그러나 그는 포기하지 않고 홀로 바다로 나가, 거대한 청새치와 사투를 벌인다. 그것은 단순한 인간과 자연의 싸움이 아니다. 삶의 무게, 실패의 두려움, 끝없는 외로움과 맞서 싸우는 한 인간의 의지와 인내의 상징이다.

산티아고는 며칠 동안 홀로 망망대해에서 청새치와 사투를 벌인다. 노쇠한 육신은 지쳐가고, 손바닥은 낚싯줄에 찢겨 피가 흐른다. 그러나 그는 물러서지 않는다. '인간은 패배하도록 만들어지지 않았다'라는 믿음으로 버티며, 끝내 청새치를 낚아 올린다. 청새치는 그의 몸을 싣고 온 배에 필적할 만큼 거대했다. 산티아고는 청새치를 배 옆에 묶은 채, 지친 몸으로 귀항길에 오른다.

하지만 시련은 거기서 끝나지 않는다. 돌아오는 길, 피 냄새를 맡은 상어 떼가 몰려들어 청새치의 살점을 갉아먹기 시작한다. 산티아고는 돛대에 묶인 칼, 몽둥이, 심지어 키까지 동원해 상어들과 싸운다. 모든 힘과 수단을 다해 맞섰지만, 결국 바닷속 맹수들의 집요함 앞에서 청새치는 거의 뼈만 남은 잔해로 변하고 만다.

마을에 도착했을 때, 산티아고의 배 옆에는 거대한 청새치의 골격만이 남아 있다. 이를 발견한 사람들은 그가 얼마나 위대한 싸움을 했는지 비로소 깨닫는다. 그러나 산티아고는 정작 별다른 동요 없이 집으로 돌아와 조용히 잠이 든다. 그는 외부의 인정이나 칭찬을 바라지 않는다. 이미 그는 자신과의 싸움에서 모든 것을 다 쏟아냈고, 그 과정에서 패배하지 않았기 때문이다.

'서른'이라는 시기는 더 이상 안전한 길을 따르기보다, 자신만의 길을 만들어야 하는 시기다. 그러나 새로운 길을 개척하는 것은 두려움과 불안, 때로는 외로움과 싸워야 하는 과정이기도 하다. 결국 중요한 것은 얼마나 잘 계획했는가가 아니라, 얼마나 끝까지 버텼는가이다.

헤밍웨이는 전쟁터에서 죽음과 마주했고, 깊은 상실과 실패를 경험했다. 그러나 그는 "두려움은 용기의 반대가 아니라, 용기의 일부"라고 말했다. 두려움이 없는 것이 용기가 아니라, 두려움을 느끼면서도 끝까지 나아가는 것이 진짜 용기라는 것이다.

⋮

나만의 길을 개척하는 삶의 태도

『노인과 바다』의 산티아고처럼, 헤밍웨이는 우리에게 말한다. 인생의 싸움에서 중요한 것은 '지금 내가 어떤 길을 걷고 있는가' 그리고 '그 길에서 얼마나 진심을 다하고 있는가'다. 우리는 더 이상 누군가가 정해준 길을 무조건 따를 수 없다. 취업, 인간관계, 미래 계획 등 어떤 선택을 하더라도, 그 길이 과연 '내가 원하는 길인지' 늘 스스로 묻게 된다. 그렇기에 더욱 필요한 것은 나만의 신념과 용기다.

헤밍웨이는 글쓰기에서도, 삶에서도 타인의 기대에 휘둘리지 않았다. 그는 자신만의 문체를 지키기 위해 수많은 비판과 실패를 견뎌냈다. 완벽한 글은 없고 다만 계속 쓰는 사람이 있을 뿐이라고 믿으며, 일단 '시작하고, 버티고, 끝까지 가는 것'을 선택했다.

우리 역시 마찬가지다. 완벽한 준비를 기다리다 보면, 평생 한 걸음도 내딛지 못할 수 있다. 작은 시작이라도 좋다. 흔들려도 좋다. 중요한 건 내가 믿는 방향으로, 내 속도의 걸음으로 꾸준히 나아가는 것이다. 실패를 두려워하지 않고, 과정에서 배우며, 나만의 목소리와 길을 만들어가는 것. 그것이 헤밍웨이가 삶으로 증명한 '행동하는 태도'이고, 오늘 우리에게 필요한 '나만의 길을 개척하는 법'이다.

토인비의
'역사적 통찰'

세상의 흐름을 읽는 법

영국의 역사학자 아널드 토인비Arnold J. Toynbee는 20세기 가장 영향력 있는 역사철학자 중 한 사람으로 평가받는다. 그는 옥스퍼드대학교와 런던정치경제대학교LSE에서 고대사와 국제관계를 연구했고, 20세기 초반부터 중반까지 약 30여 년간 『국제문제 연감』 편집자로 활동하며 국제 정세 분석에도 깊이 관여했다.

토인비의 대표작인 『역사의 연구A Study of History』는 1934년부터 1961년까지 약 30여 년에 걸쳐 집필된 열두 권 분량의 대작으로, 인류 문명의 흥망성쇠에 대한 종합적이고 철학적인 분석을 담고 있다. 이 책에서 토인비는 인류 역사 속에서 총 스물한 개의 주요 문명을 선정해 그들의 탄생, 성장, 위기, 붕괴, 그리고 해체 과정을 비교·

연구했다.

　토인비는 기존의 단순한 연대기적 서술이나 사건 나열식의 역사관을 넘어, 문명의 역동적 변화를 설명하는 '도전과 응전Challenge and Response'이라는 독창적인 개념을 제시했다.

　그는 문명의 운명이 외부 환경의 압력, 자연재해, 내부적 갈등 등 다양한 도전에 어떻게 응전하느냐에 달려 있다고 보았다. 단순히 운이나 물질적 자원 때문이 아니라, 창의적 소수의 리더 그룹이 새로운 해법을 찾아내고, 사회 전체가 그 변화에 얼마나 유연하게 적응할 수 있는가에 따라 문명의 흥망이 결정된다는 것이다.

　예를 들어, 그는 그리스 문명이 '페르시아의 위협'이라는 외부 도전에 맞서 창의적 정치체제와 철학적 사고로 응전했던 사례를 들었다. 반대로 로마 제국의 쇠퇴는 내부의 도전에 효과적으로 대응하지 못하고 정체와 타락에 빠졌기 때문이라고 설명했다.

　특히 토인비는 문명의 '도전과 응전'이 단순히 과거의 이야기가 아니라, 현재에도 그대로 적용된다고 강조했다. 그의 시선은 문명의 흥망뿐 아니라 개인의 삶에도 똑같이 적용된다. 개인 역시 인생의 다양한 도전 앞에서 어떻게 응전하느냐에 따라 성장하거나 정체되며, 그 선택들이 쌓여 결국 '개인사個人史'라는 또 하나의 역사를 만들어간다는 것이다.

『역사의 연구』는 단순한 역사책이 아니다. 그것은 인간의 존재와 사회 변화의 원리를 탐구한 일종의 '삶의 지도'다.

'서른'이라는 전환점에 서 있는 우리에게 이 책이 주는 교훈은 명확하다. 변화와 위기 앞에서 주저하거나 회피하는 대신, 주도적으로 응전하고, 자신의 길을 개척해야 한다는 것. 과거의 문명들이 그랬던 것처럼, 우리도 지금 이 순간 '나만의 역사'를 써 내려가야 한다.

과거에서 미래를 읽는 힘

토인비가 강조한 또 하나의 중요한 메시지는 바로 '과거의 통찰력을 바탕으로 현재를 읽고, 미래를 준비하라'는 것이다. 그는 역사를 단순한 과거의 기록이 아니라, 현재와 미래를 비추는 거울로 바라봤다.

역사는 똑같은 사건을 반복하지 않지만, 비슷한 패턴은 끊임없이 되풀이된다. 경제의 호황과 불황, 사회적 갈등과 화합, 기술의 혁신과 저항 등 인간 사회의 변화에는 일정한 리듬과 주기가 있다.

예를 들어, 한국 경제만 보더라도 이러한 패턴은 선명하게 드러난다. 1997년 외환위기 당시, 한국 사회는 국가 부도에 직면했고, 그 여파로 대기업 도산과 대량 실업이 잇따랐다. 많은 이가 직장을 잃고, IMF 구제금융 아래 긴축과 구조조정의 시기를 견뎌야 했다. 그러나 그 혹독한 불황을 지나면서 한국 기업들은 경쟁력을 강화했고, 2000년대 초반 정보통신 산업과 수출 중심의 제조업 성장을 통해 다시 호황 국면으로 전환할 수 있었다.

2008년 글로벌 금융위기 역시 비슷한 패턴을 보여준다. 세계 금융시장의 붕괴 여파로 주가 폭락, 소비 위축, 대기업 구조조정에 직면했다. 그러나 이후 정부의 경기 부양책과 글로벌 무역 회복에 힘입어 경제는 서서히 회복세를 보였고, 새로운 성장 동력인 IT, 바이오, 콘텐츠 산업이 부상했다. 이처럼 경제의 흥망과 회복, 위기와 도약은 일정한 주기와 리듬 속에서 반복된다. 중요한 것은 과거의 위기 속에서 우리가 어떤 선택으로 대응했는지, 그리고 그 과정에서 무엇을 배웠는지에 있다. 토인비가 강조한 '도전과 응전'의 원리가 개인의 삶뿐 아니라 국가 경제에도 동일하게 적용된다는 것을 보여주는 사례다.

이런 점에서 '온고지신溫故知新'이라는 동양의 지혜는 토인비의 역사관과도 맞닿아 있다.

『논어』에서 공자가 말한 이 사자성어는 "옛것을 익히고 새로운 깨달음과 지혜를 얻는다"라는 뜻으로, 단순히 과거에 집착하는 것이 아니라, 옛 경험과 지식을 바탕으로 지금 이 시대에 맞는 새로운 해석과 통찰을 얻어야 한다는 의미다. '온고지신'의 핵심은 '과거의 경험을 현재의 문제 해결에 어떻게 적용할 것인가'에 있다. 이는 토인비가 강조했던 '과거 패턴의 인식과 창의적 응전'과도 맥을 같이 한다. 역사를 단순한 기록으로 소비하는 것이 아니라, 변화하는 현실 속에서 나만의 대응 전략을 세우기 위한 자료로 삼아야 한다는 것이다.

세상의 흐름 속에서 나만의 흐름 만들기

토인비의 역사적 통찰이 우리에게 주는 궁극적인 메시지는 단순하다. 세상의 거대한 흐름을 읽되, 그 안에서 휩쓸리지 않고 나만의 길과 리듬을 만들어가야 한다는 것이다.

변화의 속도가 빨라질수록, 우리는 때로 외부 환경에 휘둘리기 쉽다. 다른 사람의 성공 공식, 사회가 요구하는 기준, 끊임없이 변하는 유행과 정보 속에서 너무나도 쉽게 방향을 잃는다. 그러나 토인비가 말했듯, 중요한 것은 변화 그 자체가 아니라 그 변화에 대한 '나의 응전 방식'이다. 흐름을 읽는다는 것은 단순히 정보에 민감하게 반응하는 것이 아니다. 그것은 더 큰 관점에서 현재를 바라보고, 나에게 맞는 선택과 속도를 결정하는 능력이다. 때로는 빠르게 대응해야 할 때가 있고, 때로는 묵묵히 기다리며 내 안의 준비를 쌓아야 할 때도 있다. 남들이 가는 길이 내게 맞는 길이 아닐 수 있다.

'서른'이라는 시기는 바로 그 사실을 깨닫고, '나만의 흐름'을 만들어가기 시작해야 하는 때다. 과거의 패턴을 배우고, 현재의 변화에 주도적으로 응전하며, 내 삶의 의미와 방향을 스스로 정의하는 것. 그것이야말로 토인비가 말한 '역사 속에서 살아가는 개인의 태도'일 것이다. 결국 중요한 건, 세상이 어떻게 변하는가가 아니라, 그 변화 속에서 '내가 어떤 이야기를 써 내려가는가'이다.

하라리의
'21세기의 과제'

기술과 인간의 미래

이스라엘의 역사학자이자 미래학자인 유발 하라리Yuval Noah Harari는 1976년 이스라엘 하이파에서 태어났다. 예루살렘히브리대학교에서 역사학을 전공한 그는 이후 영국 옥스퍼드대학교에서 중세 전쟁사를 주제로 박사 학위를 받았다. 초기에는 군사사와 전쟁의 역사에 주로 관심을 가졌지만, 이후 연구 분야를 확장하며 인류의 장기적인 역사 흐름과 미래 전망으로 관심을 옮겼다.

그의 저서『사피엔스Sapiens: A Brief History of Humankind』(2011)는 인류의 진화와 문명 발전의 과정을 거시적 시각에서 조망한 책으로, 전 세계 60여 개국에서 번역 출간되며 폭발적인 반응을 얻었다. 이어 출간한『호모 데우스: 인류의 미래Homo Deus: A Brief History of

Tomorrow』(2015)에서는 기술 발전 이후의 인류, 즉 '신적 인간Homo Deus'의 출현 가능성과 그에 따른 윤리적·철학적 문제를 다뤘다. 이 책에서 하라리는 인공지능, 생명공학, 빅데이터 등의 기술이 인간의 존재 의미와 삶의 방식에 근본적인 질문을 던지게 될 것이라고 경고한다.

세 번째 주요 저서인 『21세기를 위한 21가지 제언21 Lessons for the 21st Century』(2018)에서는 AI, 가짜 뉴스, 기후 위기, 개인의 자유 등 21세기를 살아가는 인류가 직면한 현실적 과제들을 다뤘다.

하라리는 데이터, 기술, 경제, 정치, 윤리 등 다양한 영역을 넘나들며 현대 사회의 본질적 문제를 끊임없이 묻는 지식인이다. 스스로 '명상가'라고 칭하기도 한 그는 매일 일정 시간을 명상에 할애하며, 빠르게 변화하는 세상 속에서 내면을 돌아보는 태도를 강조한다. 그는 20대 중반부터 '위파사나Vipassana' 명상을 꾸준히 실천해왔다. 위파사나는 고통의 근원을 이해하고 마음의 작용을 관찰하는 수행법으로, 그가 매일 아침 최소 두 시간씩 명상하는 이유도 여기에 있다. 현대인이 기술과 정보의 홍수 속에서 끊임없이 외부 자극에 휘둘릴 때, 그는 오히려 '멈추고, 바라보고, 자신을 객관화하는 능력'이야말로 더 중요한 생존 기술이라고 말한다. 또한 "정보가 너무 많을수록, 무엇이 진짜 중요한지 스스로 구분할 수 있는 내적 명료성이 필요하다"고 강조한다. 빠르게 변하는 기술의 세계 속에서 인간의 주도권을 잃지 않기 위해서는 외부 세계를 향한 반응 속도를 높이는 것보다, 내면의 소리를 들을 줄 아는 능력이 필요하다는 것이다.

기술의 속도에 휘둘리지 않는 인간성의 힘

하라리가 던지는 또 하나의 중요한 질문은 바로 이것이다.

"기술이 아무리 발전해도, 우리는 과연 인간답게 살아가고 있는 가?"

AI, 빅데이터, 생명공학의 눈부신 진보 속에서 인간은 점점 더 많은 선택을 기계에 넘기고 있다. 오늘 우리가 즐겨 보거나 즐겨 듣는 뉴스와 음악, 심지어 사랑할 사람까지 알고리즘이 추천해 준다. 편리함은 커졌지만, 그에 비례해 스스로 생각하고 선택하는 능력은 점점 퇴화하고 있다. 하라리는 이러한 현실을 깊이 우려한다. 그는 기술이 인간의 '인지 능력'을 뛰어넘는 순간, 인간성의 본질적 가치가 위협받을 수 있다고 경고한다. "우리가 기술을 통제하지 못한다면, 결국 기술이 우리를 통제하게 될 것"이라고 말이다.

실제로 이미 우리 주변에서는 기술이 인간의 인지 능력을 뛰어넘는 사례들이 나타나고 있다. 대표적인 예가 바로 유튜브나 넷플릭스의 추천 알고리즘이다. 이들 플랫폼은 사용자의 시청 기록, 클릭 패턴, 머문 시간 등을 분석해 '내가 무엇을 보고 싶어 할지'를 예측하고 콘텐츠를 추천한다. 우리는 종종 '어쩌다 여기까지 봤지?'라고 생각하며 몇 시간씩 영상을 소비하지만, 그 이면에는 인간의 선택을 교묘하게 유도하는 알고리즘이 작동하고 있다.

또 다른 예는 SNS의 피드 알고리즘이다. 인스타그램, 페이스북, 틱톡 등은 사용자가 관심을 가질 만한 콘텐츠를 자동으로 노출하면서 사용자의 관심과 행동을 점점 더 좁은 범위로 몰아넣는다. 이로 인해 정보의 다양성이 줄어들고, 특정 관점에 갇히는 '필터 버블(인터넷 정보 제공자가 맞춤형 정보를 제공해 이용자가 선별된 정보만 접하게 되는 현상)'까지 발생한다. 최근에는 AI가 인간의 언어 이해 능력까지 뛰어넘는 영역에 진입하고 있다. 챗봇, 자동 번역기, AI 작문 툴들은 이미 사람보다 더 빠르고 정확하게 대규모 정보를 요약하고 분석한다. 금융 분야에서는 AI가 인간 투자자보다 더 빠르게 시장의 흐름을 읽어내고 매매 결정을 내리는 일도 흔하다.

이처럼 기술은 이미 인간의 기억력, 정보처리능력, 심지어 선택

능력까지 대체하고 있다. 하라리가 경고한 '기술이 인간을 통제하는 시대'는 먼 미래가 아니라, 이미 우리 일상 속에 스며들고 있는 것이다.

기술의 속도에 맞서 '나의 속도' 찾기

지금 우리 사회가 겪고 있는 혼란의 본질은 단순한 기술 격차가 아니다. 그것은 기술의 발전 속도에 비해 인간의 가치관, 윤리, 법, 교육 같은 비물질적 문화가 따라가지 못하는 '문화 지체cultural lag' 현상이다.

'문화 지체'란 미국 사회학자 윌리엄 오그번William F. Ogburn이 1922년 처음 제시한 개념으로, 사회의 물질문화(기술, 과학, 산업 등)가 급속도로 발전하는 데 비해 비물질문화(도덕, 법, 가치관, 사회제도 등)의 변화 속도가 상대적으로 더딘 현상을 말한다. 쉽게 말해, 새로운 기술은 빠르게 등장하고 확산되지만, 그 기술에 맞는 새로운 규범과 윤리의식은 뒤늦게 따라오는 현상이다.

오늘날 우리는 이 문화 지체 현상을 곳곳에서 체감하고 있다. AI 기술은 이미 인간의 직업, 윤리, 법적 책임 영역을 넘보고 있지만, 관련 제도와 법규는 여전히 '기계가 사고를 일으켰을 때 누가 책임지는가?'와 같은 기본적 질문에도 답을 내리지 못하고 있다. 또한 SNS나 빅데이터 기술은 개인의 사생활을 광범위하게 침해할 수 있는 수준에 이르렀지만, 데이터 윤리 교육이나 사회적 합의는 여전히 걸음마 단계다. 심지어 청소년들의 미디어 중독, 온라인 폭력 문제 역시 빠른 속도로 증가하는데, 학교 교육이나 가정 내 윤리 교육은 그 속도를 따라가지 못하고 있다.

하라리가 우려한 것처럼, 만약 우리가 기술의 속도에만 집착한다면, 결국 인간은 기술의 수동적인 소비자가 될 수밖에 없다. 기술이 던지는 문제에 뒤늦게 반응하고, 이미 설정된 규칙에 따라 움직이는 존재로 전락하게 되는 것이다. 선택의 주체가 아닌, 선택당하는 객체로 살아가게 되는 사회, 그것이 바로 하라리가 경계했던 미래다. 반대로 지금 이 순간부터라도 우리는 '기술에 대한 인간의 책임'을 묻기 시작해야 한다.

기술은 그 자체로 선도 악도 아니다. 중요한 것은 그 기술을 어떻게 활용하고, 어떤 기준과 가치관을 가지고 사용할 것인가에 대한 인간의 선택이다. 기술이 만들어내는 변화의 속도에 휩쓸리지 않으려면, 우리는 사회적 합의, 윤리적 기준, 교육적 대응 같은 비물질적 문화의 속도를 끌어올려야 한다.

셰익스피어의
『템페스트』와 새로운 시작

영국의 극작가 윌리엄 셰익스피어의 마지막 희곡인 『템페스트 The Tempest』는 바로 인간 존재의 덧없음과 새로운 시작의 가능성을 담은 작품이다. 1611년 무대에 오른 이 희곡은 셰익스피어의 후기 걸작으로, 그의 삶과 작가 인생의 마지막을 장식하는 작품이기도 하다.

『템페스트』의 이야기는 밀라노의 공작이었던 프로스페로가 정치적 음모로 권력을 빼앗기고, 어린 딸 미란다와 함께 외딴섬에 유배되는 것으로 시작된다. 프로스페로의 동생 안토니오가 그의 자리를 차지하고 권력을 장악하자, 프로스페로는 절망과 분노 속에서 새로

◆◆

운 삶을 시작해야 했다. 섬에서의 유배 생활 동안, 그는 책을 통해 마법을 익히며 자신을 배신한 자들에게 복수할 날을 기다린다.

12년의 세월이 흐른 후, 마침내 기회가 찾아온다. 프로스페로는 마법의 힘을 이용해 바다에 거대한 폭풍(템페스트)을 일으켜, 동생 안토니오와 나폴리 왕 알론소 일행을 모두 섬으로 끌어들인다. 그러나 이 폭풍은 단순한 물리적 재앙이 아니다. 그것은 인물들 각자가 내면에 숨겨 온 죄책감과 후회, 두려움을 정면으로 마주하게 만드는 일종의 '인생의 시련'이자 '정신적 각성'의 계기다. 프로스페로는 그들을 공포 속으로 몰아넣고, 환영과 환각을 통해 과거의 잘못을 자각하게 만든다. 하지만 이야기가 진행될수록 그는 복수보다는 용서와 화해의 길을 선택한다. 자신의 마법을 내려놓고 인간적인 관계를 회복하려는 그의 선택은 『템페스트』의 가장 큰 전환점이자 주제적 절정이다.

이 작품의 중심에는 '인간의 선택과 변화'라는 주제가 자리 잡고 있다. 프로스페로는 '마법'이라는 절대적 힘을 손에 쥐었지만, 결국 그 힘을 내려놓고 인간으로서의 본래 자리로 돌아가는 선택을 한다. 그는 과거의 상처와 분노를 놓아버리고, 용서를 선택함으로써 진정한 자유를 얻는다. 이 과정은 셰익스피어가 말하는 '삶의 폭풍을 통과한 후의 성장'을 상징한다. 특히 극 중에서 프로스페로가 내뱉는 "우리는 꿈으로 만들어진 존재이며, 우리의 짧은 삶은 잠으로 둘러싸여 있다"라는 독백은 인생의 무상함과 더불어, 그럼에도 불구하고 우리에게 주어진 시간 속에서 어떻게 의미 있는 선택을 할 것인가에 대한 질문을 던진다.

인생이 한 편의 꿈이라면, 그 꿈의 주인공으로서 우리는 어떤 태도로 살아가야 할 것인가.

『템페스트』는 그래서 단순한 복수극도, 판타지도 아니다. 그것은 폭풍과 혼란을 지나 다시 시작하는 인간의 이야기이며, 모든 끝은 또 다른 시작임을 깨닫게 하는 작품이다.

⁝

셰익스피어의 마지막 인사,
작가로서의 끝과 또 다른 시작

『템페스트』가 특별한 이유는 단순히 그 내용 때문만은 아니다. 이 작품은 셰익스피어의 '작가 인생의 마지막 장(로맨스 극의 마지막 작품)'이라는 상징적 의미를 지닌다.

셰익스피어는 1564년 영국 스트랫퍼드어폰에이번에서 태어나, 20대 후반 런던으로 올라와 연극계에 발을 들였다. 그는 『로미오와

줄리엣』『햄릿』『오셀로』『리어왕』『맥베스』등 수많은 걸작을 써내며 엘리자베스 시대와 제임스 1세 시대 영국의 연극계를 이끌었다. 영국 국왕의 극단인 '킹스 맨King's Men' 소속 작가로 활동하며 명성과 부를 동시에 거머쥐었던 셰익스피어는, 40대 후반에 이르러 점차 런던 생활을 정리하고 고향 스트랫퍼드로 돌아가 은둔의 삶을 선택한다.

『템페스트』는 바로 그 삶의 전환점에서 탄생한 작품이다. 작가로서의 마지막 무대, 인생의 종착지에서 그는 이 작품을 통해 조용히, 그러나 강렬하게 자신의 '마지막 인사'를 건넨다. 작품 속 프로스페로가 마법을 내려놓듯, 셰익스피어 역시 25년 넘게 이어 온 극작의 삶을 마감한다. 이처럼『템페스트』는 작가의 삶과 예술, 현실과 무대의 경계를 허물며, 우리 모두에게 '자신의 무대에서 어떻게 퇴장할 것인가?'라는 묵직한 질문을 던지는 작품이다. 그리고 그 질문은 400년이 지난 오늘날 독자들에게도 여전히 유효하다.

지금 이 순간, 나의 무대를 살아가기

"메멘토 모리Memento Mori."

이 짧고 간결한 라틴어 문장은 '죽음을 기억하라'는 뜻으로, 인간 존재의 유한성과 삶의 본질에 대한 깊은 자각을 담고 있다. 그 기원은 고대 로마 시대로 거슬러 올라간다. 로마에서는 전쟁에서 승리하고 개선문을 통과하며 퍼레이드를 벌이던 장군들 뒤에 항상 한 명의 노예가 따라붙었다. 그 노예의 역할은 군중의 환호 속에서 장군의 귓가에 조용히 이렇게 속삭이는 것이었다.

"당신도 결국 죽을 존재임을 기억하라."

이는 절대적인 권력과 승리의 순간에도 교만에 빠지지 말고, 인간으로서의 본질을 잊지 말라는 경고였다. 하지만 '메멘토 모리'의 진짜 핵심은 죽음에 대한 공포가 아니다. 오히려 그 반대다. 죽음은 피할 수 없는 운명이며, 그 사실을 잊지 말고 지금 이 순간을 더 깊이 살아가라는 것이다.

언젠가 우리는 모두 삶의 무대에서 내려올 것이다. 그렇기에 지금 이 순간, '나는 어떤 태도로 이 무대에 서 있을 것인가?'를 묻는 일이야말로 우리가 고민해야 할 가장 근본적인 질문이다. 과거의 후회에 머물지도 말고, 다가올 미래에만 집착하지도 말자.

지금 여기서, 내가 진심으로 선택한 장면만이 우리의 이야기 속에서 진짜 의미를 지닌다. 폭풍이 지나간 자리에는 새로운 길이 열린다. 그리고 그 길은 오직 당신만이 걸을 수 있다.

.

다시,
삶을 묻는다는 것의
의미

『서른을 위한 최소한의 철학 수업』은 답을 제시하기 위해 쓴 것이 아닙니다. 대신 질문을 남기기 위해 썼습니다. 흔히 인생의 해답을 찾기 위해 책을 읽지만, 이 책이 전하고자 하는 핵심은 오히려 그 반대에 가깝습니다.

삶은 답을 찾아가는 것이 아닌, 자신에게 어떤 질문을 던지며 살아가는가에 따라 전혀 다른 모습으로 흘러간다는 사실입니다.

1장에서 '나 자신을 다시 바라보는 질문'을 던졌고, 2장에서는 '일과 성취를 당연하게 여기며 살아온 방식'에 대해 묻습니다. 3장에서는 '관계 속에서 나를 잃지 않는다는 것'이 무엇인지 고민했고, 4장에서는 '더 많이 취하는 삶이 아니라 덜 흔들리는 삶의 가능성'을 살펴보았습니다. 마지막으로 5장에서는 '지금 이후의 시간을 어떤 기준으로 살아갈 것인지' 스스로에게 묻도록 이끌었습니다.

이 모든 질문은 결국 하나의 문장으로 귀결됩니다. "지금 나는 어떤 기준으로 내 삶을 살아가고 있는가?"라는 질문입니다.

책을 덮으며 몇 가지를 당부하고 싶습니다. 고전의 문장과 사유를 삶에 그대로 적용하려 애쓰지 않아도 괜찮습니다. 고전은 따라야 할 규칙이 아니라, 생각해 볼 만한 방향을 제시하는 도구이기 때문입니다. 책에 등장하는 질문들 역시 모두 붙잡고 가야 할 필요는 없습니다. 가장 오래 남는 질문 하나면 충분합니다. 그 질문을 품고 살아가는 것만으로도 삶의 밀도는 달라질 수 있습니다.

또한 이 책이 모든 상황에 대한 해답을 줄 수 없다는 점 역시 분명히 하고 싶습니다. 삶에는 언제나 예외가 있고, 각자의 사정과 속도가 있습니다. 책은 당신의 삶을 대신 살아주지 않습니다. 다만 길을 잃었을 때 다시 돌아와 잠시 앉아 볼 수 있는 자리 정도가 되기를 바랐습니다. 읽다가 공감되지 않는 부분이 있다면 과감히 넘겨도 괜찮습니다. 고전은 언제나 독자보다 앞서가거나 뒤처지지 않고, 각자가 필요한 지점에서 다시 만나게 되는 텍스트이기 때문입니다.

소크라테스가 "너 자신을 알라"라고 말한 것이 이 책의 첫 장을 여는 문장이었고, 그는 또한 "검토되지 않은 삶은 인간에게 살 가치가 없다"라는 말을 남겼습니다. 이 문장은 단순한 성찰의 권유가 아니었습니다. 소크라테스가 사형 판결을 앞두고 열린 재판에서, "앞으로는 질문하지 않고 조용히 살겠다고 약속한다면 생명을 보장하겠다"라는 제안을 받았을 때, 이를 거절하며 남긴 선언이었습니다. 질문하지 않는 삶이라면, 사유하지 않는 삶이라면, 자신을 검토하지 않는 삶이라면, 그런 삶을 조건으로 한 생존은 차라리 의미 없다는 분명한 선택이었습니다. 철학은 그에게 사치가 아니라 삶 그 자체였고, 질문을 멈추는 순간, 삶도 함께 멈춘다고 믿었습니다.

돌이켜보면 저의 삶 또한 끊임없이 자신을 검토하는 과정의 연속이었습니다. 확신보다는 의심이 많았고, 성취보다 실패가 먼저 다가오는 순간이 더 잦았습니다. 이 책을 집필하는 시간 역시 다르지 않았습니다. 그러나 실패의 연속이라 할지라도 삶을 검토하는 일을 멈추지 않는다면, 다시 나아갈 수 있다는 것을 배웠습니다. 더 나은 답을 얻지 못하더라도, 더 나은 질문을 품은 채 살아갈 수는 있다는 믿음 말입니다. 이 책을 읽는 독자들 또한 각자의 자리에서 그러한 경험을 하시길 바랍니다.

삶이 흔들리는 순간에도 질문을 포기하지 않는다면, 삶은 다시 앞으로 움직이기 시작할 것입니다.

"검토되지 않은 삶은 인간에게 살 가치가 없다."

_ 플라톤, 『소크라테스의 변명』 중에서

서른을 위한 최소한의 철학 수업

펴낸날 2026년 2월 10일 1판 1쇄

지은이 최영원
펴낸이 金永先
편집 정아영
디자인 검정글씨

펴낸곳 이든서재
주소 경기도 고양시 덕양구 청초로 10 GL 메트로시티한강 A1-2002호
전화 (02) 323-7234
팩스 (02) 323-0253
홈페이지 www.mfbook.co.kr
출판등록번호 제 2-2767호

ISBN 979-11-94812-16-6 (03100)

이든서재와 함께 새로운 문화를 선도할 참신한 원고를 기다립니다.
이메일 dhhard@naver.com (원고 투고)